Les affaires en français

MÉTHODE DE FRANÇAIS LANGUE ÉTRANGÈRE

Jean-Pierre Bajard
Directeur du Centre International
d'Études de Langues de Strasbourg

Christiane Sibieude
Responsable pédagogique au C.I.E.L.

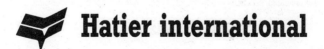 **Hatier international**

Avant-propos

♦ **Les affaires en français** s'adresse aux élèves du second cycle secondaire, à ceux des écoles de gestion, de direction d'entreprises, de secrétariat, ainsi qu'aux étudiants de l'Université.
Cette méthode s'adresse aussi aux professionnels (secrétaires, cadres commerciaux, chefs d'entreprises,...) en relation avec des correspondants francophones ou en fonction dans une entreprise de langue française.

♦ Notre expérience de l'enseignement nous permet de constater que ce public se caractérise par une connaissance suffisante de sa spécialité professionnelle en langue maternelle, et par une connaissance primaire du français acquise lors de cours de langue usuelle, ou des séjours en pays francophone. Ce public se caractérise également par une volonté de « ne pas perdre de temps » à suivre des cours de français usuel destiné à un usage ménager, touristique et culturel, le désir d'accéder à une documentation professionnelle authentique, en français, et enfin, le souci d'acquérir une compétence et d'accéder à une communication de « relations » lui permettant de résoudre des problèmes quotidiens, et de s'exprimer avec aisance.

♦ Quels sont les objectifs de la méthode ?
Les affaires en français veut offrir un outil de perfectionnement des compétences en français et une amélioration de la communication avec les acteurs socio-économiques et culturels grâce à :
- une meilleure appréhension de l'environnement culturel, social et économique dans lequel passeront les échanges ;
- une meilleure compréhension des habitudes linguistiques et culturelles des milieux d'affaires français ;
- une plus grande capacité à répondre efficacement et judicieusement aux demandes auxquelles ce public sera confronté ;
- une plus grande aisance à produire des « actes de paroles » propres à ses activités professionnelles.

C'est dans cet esprit, que cette méthode a été expérimentée au cours de stages « Français, Langue des Affaires et du Commerce ». L'expérience nous a confortés dans notre approche tant du point de vue méthodologique que didactique.

Les auteurs.

© HATIER PARIS JANVIER 1987

ISBN 2-218-04821-3

Table des matières et contenus

3. VISITE DE LA FOIRE EUROPÉENNE

4. SOUVENIRS ET PROJETS

5. HENRI DEVIN TRAITE UNE AFFAIRE

6. DE RETOUR DE BRUXELLES

7. EN CÔTE D'IVOIRE

Informations industrielles sur les marchés extérieurs

8. A MONTRÉAL

Financement à l'export : une PMI en Algérie

Suivez notre héros

Henri Devin, 47 ans, d'origine canadienne, il a fait ses études à Düsseldorf, Paris puis Montréal. Il s'établit à Bruxelles et devient responsable des exportations pour l'Europe à la SOTRABETEC, société spécialisée en transferts de technologies.

Alexandra, son épouse, est allemande. Elle a fait des études de littérature anglaise ; elle tient une boutique de prêt-à-porter à Bruxelles.

Leur fille Linda, 20 ans, suit des études d'architecture à Bruxelles et leur fils Frédérick, 22 ans, est dans une école de commerce à Genève.

Rencontrez ses amis

Jean Pietilä, 49 ans, finlandais. Il a fait des études commerciales à Helsinki, puis à Paris et enfin à Harward.

Après avoir travaillé dans une entreprise de transport à Helsinki, il décide de s'installer à son compte et de monter sa propre société de transport en Finlande. Il étudie actuellement l'ouverture d'une agence à Strasbourg. Il vit depuis 3 ans avec Nelly Leblois, 39 ans, hôtesse à Air France, et mère d'un petit garçon de 9 ans.

François Mangin, 46 ans, ingénieur d'affaires, est établi à Lyon (il est issu d'une vieille famille de soyeux). Il a fait des études de chimie à Lyon, puis il a passé un an à l'École des Affaires de Paris. Il a travaillé à Genève. Il est maintenant directeur commercial chez SPIR (Lyon).

Anne-Lise de Saint-Geny, son épouse, a fait l'École du Louvre.

Ils ont 3 enfants : Cécile, Anne-Sophie et Germain.

Henri, Jean et François se sont rencontrés à l'École des Affaires de Paris.

Au cours de ses déplacements professionnels, Henri Devin fera la connaissance de :

Mac Allen	Ingénieur commercial chez SPIR
Le Directeur	Directeur de zone export à la SOTRABETEC
Van Linden	Directeur des services financiers à la SOTRABETEC
Eddy Marquès	Directeur technique à la SOTRABETEC
N'Geye	Entrepreneur Ivoirien et son adjoint, le chef de chantier
Adams	Directeur des Travaux Publics au Ministère de l'Équipement ivoirien
N'Diaye	Directeur des Services d'expansion économique au Ministère des Finances ivoirien
Fallet	Expert en irrigation auprès du Ministre de l'Équipement ivoirien
La Violette	Chef de chantier canadien (dans une filiale de la SOTRABETEC)
Martin Leclerc	Adjoint de La Violette

Et enfin, découvrez notre agent Beurck !

dialogues

L'ARRIVÉE A STRASBOURG

En taxi...

Henri Devin — Le chauffeur de taxi

HENRI DEVIN : Hep taxi !

LE CHAUFFEUR : Voilà Monsieur ! Vos bagages, s'il vous plaît !

H. DEVIN : Je garde cette mallette-là.

LE CHAUFFEUR : Où est-ce que je vous conduis ?

H. DEVIN : A l'hôtel Ibis.

LE CHAUFFEUR : Bien, Monsieur.

H. DEVIN : La Foire Européenne est loin du centre ville ?

LE CHAUFFEUR : Non, pas très loin de votre hôtel.

LE CHAUFFEUR : ... Cette année, avec la crise, je ne sais pas s'il y aura beaucoup de monde. Par contre, avec tous ces congrès, il n'y a plus une place dans les hôtels. Vous avez réservé, au moins ?

H. DEVIN : Oui, oui, bien sûr.
Dites-moi : où se trouve « le Gourmet » ? On m'a dit qu'on y mangeait très bien...

LE CHAUFFEUR : Oui, c'est un très bon restaurant, mais ce n'est pas donné...

... Il est près de la Cathédrale. Vous verrez, vous ne serez pas déçu. Même à cette heure-là ! Ils servent très tard...

... Voilà, vous êtes arrivé ; 84,00 F. Au revoir Monsieur, et merci.

A l'hôtel...

H. DEVIN : Bonsoir Mademoiselle. Devin, de Bruxelles. On a réservé une chambre pour moi.

LA RÉCEPTIONNISTE : C'est exact, Monsieur. Vous êtes au 214. Voilà votre clé. Hubert ! Montez les bagages de Monsieur au 214.

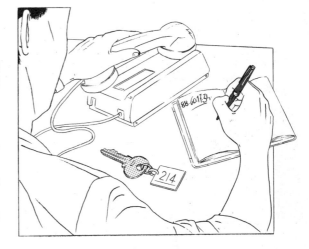

(Quelques instants plus tard, Henri Devin est installé dans sa chambre. Il prend le téléphone)

... : La réception, j'écoute.

H. DEVIN : Pouvez-vous me passer le 70-17-34, s'il vous plaît ?

LA RÉCEPTIONNISTE : Je vous rappelle dans un instant.
Allô. Chambre 214, votre correspondant est en ligne.

H. DEVIN : Allô, Jean ? Henri à l'appareil. Je viens d'arriver.

JEAN PIETILÄ : Ah ! Bonsoir, tu as fait bon voyage ?

H. DEVIN : Oui, excellent. On dîne ensemble ? Je serais curieux de savoir où en est ton projet.

JEAN PIETILÄ : D'accord, je passe te prendre, disons... dans... 30 minutes.

H. DEVIN : A tout de suite.

11

Dans le hall de l'aéroport

1 Vous arrivez à Strasbourg, vous vous informez :

— Dites-moi..., où se trouve... ?

- la sortie
- la salle des bagages
- le bureau de change
- le tabac
- le magasin de souvenirs
- le bureau de location de voitures

2 Vous arrivez à Strasbourg, un employé de l'aéroport vous demande :

— Pardon monsieur, vous cherchez quelque chose... ?
— Oui,...

- la station de taxis, d'autobus
- le bureau des douanes
- le bureau d'enregistrement des bagages
- le parking
- les toilettes, le bar...

3 *Pour votre voyage d'affaires en France, vous aurez besoin de 1 000 F par jour, pour vos frais de restauration, de déplacements...*

A l'aide de ce tableau, précisez la quantité d'argent de votre pays qu'il vous faudra changer

	COURS DU JOUR	
	+bas	+haut
$ E.-U.	6,9960	6,9990
$ can.	5,0714	5,0773
Yen (100)..	4,2698	4,2742
DM	3,1913	3,1941
Florin	2,8330	2,8353
F.B. (100) ..	15,5987	15,6228
F.S.	3,9117	3,9155
L (1 000)....	4,6454	4,6536
£	10,7459	10,7575

4 *Vous arrivez à l'aéroport de Strasbourg ; vous demandez à l'hôtesse d'accueil un certain nombre de renseignements :*

- comment aller au centre ville
- où se trouve la station de taxis
- s'il y a un bar
- si l'on peut louer une voiture, et à quel prix
- où et comment on peut téléphoner
- si on peut envoyer un télégramme
- s'il y a une poste
- si quelqu'un vous a appelé
- si l'hôtesse veut bien passer un message
- combien cela coûte pour téléphoner à Bruxelles ?

5 *Vous avez un message à faire passer par haut-parleur.*
Rédigez-le pour que l'hôtesse puisse le diffuser.

MESSAGE

de M _____

pour M _____

message _____

_____

_____

_____

_____

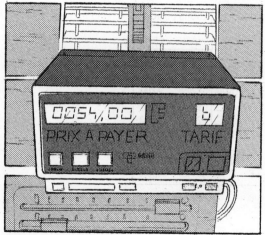

6 *Vous êtes dans le taxi. Vous payez le trajet. Vous donnez un billet de 100 F au chauffeur.*

Combien vous rend-il si la course coûte :

— 25 F (service compris*)

— 18 F (service compris)

— 19,50 F (service compris)

— 52,35 F (service compris)

— 44,75 F (service compris)

* *Service compris* = pourboire. Somme d'argent remise par le client à titre de gratification, de récompense ; elle est donc variable.

7 **Combien d'argent avez-vous ?**

_____ **F**

_____ **F**

_____ **F**

_____ **F**

8 | *Vous n'avez pas réservé de chambre. Vous demandez à la réceptionniste s'il lui en reste une.*

A partir des situations proposées, imaginez le dialogue entre les interlocuteurs.

LE CLIENT : Vous arrivez le 7 au soir ; vous repartirez le 10 ; vous n'aimez pas les douches ni le bruit ;

LA RÉCEPTIONNISTE : La seule chambre qui lui reste donne sur la rue, au 1er étage ;

LE CLIENT : Vous arrivez le 15/7 à 14 heures ; vous repartirez le 16/7 à 10 heures. Vous constatez que le programme vidéo comporte l'enregistrement de la coupe du monde de tennis.

LA RÉCEPTIONNISTE : La cassette demandée par le client est déjà réservée ; elle vous propose un autre programme vidéo...

9 | *Vous demandez à la réceptionniste quels sont les moyens de paiement acceptés par cet hôtel.*

10 *Avant de quitter l'hôtel, la réception vous demande de bien vouloir remplir un questionnaire ; l'hôtel fait une étude auprès de ses clients en vue d'améliorer ses prestations.*

QUESTIONNAIRE

hôtel ibis

Nom _____   Prénom _____

Age _____   Nationalité _____

Adresse _____

_____

Marié ☐   Vous voyagez seul ☐

Célibataire ☐   ou accompagné par la famille ☐

Nombre d'enfants ☐   un ami ☐

                                              un collègue ☐

Profession :

Motif de votre séjour : tourisme ☐   étape ☐

                        affaires ☐   session parlementaire ☐

                        congrès ☐   santé ☐

Durée de votre séjour :

Paiement : par vous-même ☐   par l'employeur ☐

Pourquoi avez-vous choisi l'hôtel IBIS ?

Quel est l'équipement idéal d'une chambre ?

Compte tenu de votre expérience hôtelière, du prix de votre chambre actuelle, et de sa catégorie, que manque-t-il ?

Quelles sont vos remarques et vos suggestions sur :

— la propreté   — le parking
— le personnel   — l'accueil
— les locaux   — les services

La Direction de l'hôtel vous remercie et vous souhaite bon voyage.

Date

Signature (facultative)

Avenue de Sébastopol - 67000 STRASBOURG - Tél. (88) 22.14.99 - Télex 880 399 F

à vous d'écrire

Le soir, à son hôtel, Henri Devin écrit une lettre à son épouse, et lui parle de J. Pietilä.

Ma chérie,

Me voilà enfin arrivé. Le voyage s'est bien passé. Je compte bien rencontrer Pietilä. J'espère qu'il n'a pas changé.

... Tu sais, quand nous (être) _____ étudiants, lui et moi, nous (habiter) _____ un tout petit appartement près d'un restaurant universitaire. Nous (s'entendre) _____ bien, mais nous ne (vivre) _____ _ pas toujours aux mêmes heures. Pendant que je (travailler) _____ _ le soir, que je (réviser) _____ mes cours, que je (préparer) _____ __ mes examens, il (se promener) _____ _____ presque tous les soirs avec une fille différente ! Il (rester) _____ toujours très sérieux, tout en (s'amuser) ____ _____ beaucoup. Parfois j'(enrager) _____. Moi qui n'(aller) _____ pas souvent au cinéma, qui (voir) _____ ___ peu nos amis, j'(envier) _____ Jean quand il (partir) _____ pour plusieurs heures et que je l'(entendre) _____ _____ rentrer au petit jour, gai et sifflotant, au moment où j'(essayer) _____ d'oublier les bilans, les prix de revient et le droit international dans un sommeil bien mérité...

... A propos de Strasbourg, voilà ce que j'en lis sur le dépliant de l'hôtel : « Quand vous arrivez, vous êtes frappé par la hauteur de la flèche de la Cathédrale. Vous vous demandez comment les ouvriers du Moyen Age ont pu travailler et surtout combien de temps il leur a fallu pour transporter ces énormes pierres, pour les monter, les ajuster. Quand vous vous promenez au centre de la ville, vous vous trouvez soudain dans la Petite France où les voitures ne peuvent pas circuler et où les piétons, les touristes, ont le temps de bavardent d'admirent les anciennes demeures, de s'arrêt pour se reposer. Vous êtes étonné de toutes ces fleurs qui ornent les rebords des fenêtres ; vous continuez à marcher, à vous laisser séduire par cette ville cosmopolite. Avant de vous diriger vers votre hôtel, vous saluer en passant Gutenberg, figé dans sa statue de bronze, puis, comme vous êtes très fatiguée, vous demandez à un chauffeur expérimenté de vous déposer à votre hôtel. »

J'ai beaucoup pensé à vous. Aujourd'hui la rentrée scolaire a dû te causer beaucoup de soucis. Embrasse les enfants et ta mère.

Toute ma tendresse

Henri

Notes personnelles d'Henri Devin sur son voyage...
Complétez :

10 septembre

19 h 30 : Je suis arrivé à l'aéroport de Strasbourg-Entzheim.

19 h 40 : Un taxi m'a emmené à l'hôtel IBIS.

20 h 00 : Le taxi m'a déposé à l'hôtel ; heureusement que ma chambre était réservée, car les hôtels affichaient tous « complet » (le chauffeur m'a parlé de congrès...).

20 h 10 : J'ai appelé Jean, et nous avons décidé d'aller dîner ensemble. Ensuite, j'ai ouvert mes valises ; et quand j'ai déballé mes affaires, je me suis aperçu qu'un dossier n'était pas complet et que les documents que j'avais oubliés étaient en possession d'un collègue. Je suis redescendé à la réception pour télégraphier à ma secrétaire.

N.B. : Dans l'avion, je ne m'étais pas rendu compte que mon voisin ne supportait pas la fumée ; quand je me suis mis à fumer, mon voisin a commencé à tousser sans pouvoir s'arrêter ; j'ai éteint mon cigare et je l'ai écrasé dans le cendrier ; ce monsieur m'a remercié et m'a expliqué que la fumée l'incommodait depuis qu'il avait été opéré quelques mois plus tôt. Nous avons continué à discuter un bon moment, et quand l'hôtesse est venue nous demander ce que nous désirions boire, nous étions engagés dans une discussion sur les différentes manières de réagir contre la maladie ; j'ai pris les coordonnées de ce monsieur.

Henri Devin descend à la réception pour communiquer le texte du télégramme destiné à sa secrétaire à propos du dossier incomplet.
Aidez-le à rédiger le télégramme.

Résumez la journée d'Henri Devin

10 septembre

Quand H. Devin arriva,
- il faisait nuit [x]
- il fait nuit [ ]
- il a fait nuit [ ]

- Il a laissé [ ]
- Il avait laissé [x]
- Il laissait [ ]

son journal dans l'avion ; il le regrettait maintenant.

Enfin, il pensa qu'il en
- achètera [ ]
- achèterait [x]
- achetait [ ]

d'autres à l'hôtel.

- Pendant qu'il cherchait [x]
- il avait cherché [ ]
- il a cherché [ ]

la tête de station de taxis,

il évoqua son départ quelques heures auparavant.

Comme il n'y avait pas de taxis, car
- ils seraient [ ]
- ils ont été [ ]
- ils étaient [x]

en grève,

- il demandait [ ]
- il a demandé [x]
- il avait demandé [ ]

à une secrétaire de l'accompagner à l'aéroport.

- Ils avaient quitté [ ]
- Ils ont quitté [x]
- Ils quittaient [ ]

le bureau assez tard,

et la secrétaire
- conduisait [ ]
- conduisit [ ]
- avait conduit [x]

comme une folle.

Maintenant qu'
- il a été [ ]
- il avait été [ ]
- il était [x]

à Strasbourg,

il se demandait	✓		ils ont fait	
il s'était demandé		encore comment ils avaient fait	✓
il se demande			ils faisaient	

pour ne pas avoir eu d'accident. Après l'excitation du départ,

il se reposait	✓		il se sentait	✓
il s'était reposé	✓	dans l'avion et maintenant il se sent		
il s'est reposé			il s'était senti	

tout à fait bien.

Rapport confidentiel sur les activités de H. D. par l'agent Beurck

10/09

21h – HD ...

à vous de parler

1 **Vous êtes Henri Devin, vous appelez votre ami, Jean Pietilä...**

JP : Pietilä... Allô ?

HD : _____

_____

JP : Déjà ! Tu ne restes vraiment pas très longtemps ! Tu n'as pas changé ! Trois jours par-ci, trois jours par-là. On peut quand même se rencontrer ?

HD : _____

_____

JP : Très bien ! Tes soirées sont donc libres ?

HD : *Oui, je suis libre ce soir ou demain soir*

JP : Alors, on peut dîner ensemble ce soir ?

HD : *D'accord, c'est bon*

JP : Où est-ce que tu veux dîner ?

HD : *C'est toi qui choisis*

JP : Bon, alors allons au « Gourmet ».

HD : _____

_____

JP : Bien. Je te confirmerai le lieu et te préciserai l'heure. Alors à plus tard !

22

Libération

ÉCONOMIE – SOCIAL

Comptes numérotés : les Suisses n'aiment pas être bernés

Le député radical, Pascal Couchepin, a demandé au conseil fédéral de faire la lumière sur les méthodes employées par les douaniers français.

Le ton monte en Suisse à propos de l'affaire des « comptes illégaux » de déposants français à l'Union des Banques suisses (UBS) avec l'interpellation, vendredi à Berne, d'un conseiller national s'inquiétant des « *méthodes utilisées par les autorités françaises pour obtenir des informations* » sur les clients des banques helvétiques.

M. Couchepin a demandé au conseil fédéral de faire la lumière sur les méthodes employées par les douaniers français, rappelant que « *la détention de capitaux en Suisse par des étrangers est autorisée sans restriction par la législation helvétique* ».

Le député a demandé au conseil fédéral s'il possède des informations « *qui laissent penser que des tentatives de corruption d'employés de banques sont effectuées par des autorités françaises au détriment des banques suisses* ». M. Couchepin a insisté auprès du gouvernement pour « *faire respecter cette législation et s'opposer à ce que des autorités étrangères jettent le discrédit* » sur la Suisse.

Le député radical parle également de « *procédés qui impliquent une transmission illégale de renseignements de Suisse à l'étranger* ».

Sur un plan plus technique, l'UBS paraît assouplir sa position en ce qui concerne des fuites éventuelles de renseignements vers la France. La question est de savoir ce que contenait les bandes tests dérobées par deux employés de l'union des banques suisses. L'enquête interne de la grande banque helvétique porte précisément sur la faculté de réussir des opérations de décodage à partir des bandes subtilisées. « *Nous croyons dans la valeur de nos méthodes mais nous n'excluons pas un tel acte* », dit-il.

Enfin, le quotidien *la Suisse* cite vendredi « *de source fiable* » une information affirmant qu'une des listes en possession des autorités françaises aurait été fabriquée par un employé de banque, un frontalier, qui travaillerait maintenant pour les douanes françaises.

Libération, 8-9 octobre 1983
© *Libération*

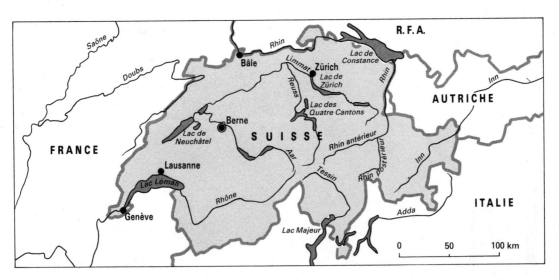

Henri DEVIN lit la presse.

SECRET BANCAIRE DE POLICHINELLE ?

La Suisse prend des mesures de survie

La Suisse tremble, la Suisse a peur. Non pas d'une nouvelle guerre mondiale, vous pensez bien. Aujourd'hui comme hier, elle sait que sa neutralité inébranlable la mettrait en dehors du conflit. D'ailleurs, elle possède une force de dissuasion inégalable : à la première rumeur, elle est en mesure de prendre en otages les délégués soviétiques et américains de la Conférence de Genève sur le désarmement. D'autre part, même si un vent mauvais soufflait sur son territoire le nuage radioactif d'une bombe tombée trop près de ses frontières, elle possède, paraît-il, suffisamment d'abris antinucléaires pour que sa population ne soit pas inquiétée.

En vérité, la Suisse tremble parce qu'elle est menacée d'une catastrophe pire que la guerre : la fin de son secret bancaire. L'opération BUS, menée par la douane française, a prouvé qu'il y a comme des fissures dans le système de sécurité de la banque suisse. Le directeur général de l'UBS clame — c'est son rôle — que le « fichier » des 5 000 évasions de capitaux français est « un faux », mais il reste ces quelques centaines d'« épargnants » français qui sont passés aux aveux — et qu'on ne peut gommer. Peu importe les moyens employés par les gabelous, le drame est là : le secret bancaire peut devenir secret de Polichinelle.

Le Canard Enchaîné, 28 septembre 1983.

2 | Qu'est-ce que la presse apprend à HD ?

— Qu'est-ce que l'UBS ? _____

_____

— Quand on parle de la Suisse, à quoi pense-t-on ? _____

_____

— Qu'est-ce que le « secret bancaire » ? _____

_____

— Selon l'auteur de l'article, qu'est-ce qui a tout déclenché ? _____

_____

— Qu'est-ce que comporte le fichier mentionné dans l'article ? _____

_____

_____

— Ce fichier est-il authentique ? _____

_____

— Comment le Directeur Général de l'Union des Banques Suisses caractérise-t-il ce fichier ? __

_____

— La douane française a-t-elle des preuves ? _____

_____

— Quels sont les avantages de l'ouverture d'un compte dans une banque suisse ? _____

_____

— Quelle est l'incidence des dépôts d'argent dans les banques suisses sur l'économie française ?

_____

3 | *Henri Devin est inquiet ; il travaille avec des firmes suisses, et il voudrait savoir si les informations qu'il vient de lire sont exactes ; alors, il téléphone à sa sœur, qui est secrétaire à l'Ambassade du Canada à Berne...*

Imaginez leur conversation.

informez-vous

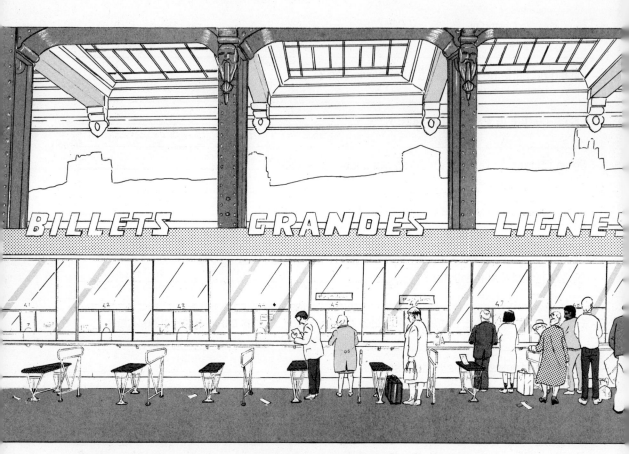

Une partie du texte est mal imprimée ; complétez-le.

VOTRE BILLET

montant
aller-retour
accès
remboursement
composteurs
SNCF
utilisation
frais
forfaitaire
billet
composter
gares
remboursables
compostant

• *Vous devez le valider en le* <u>Composter</u> *lors de l'* <u>accès</u> *au train :*

— *même si vous avez réservé,*

— *même si la date de départ est indiquée sur le* <u>billet</u> .

Pour _____ *votre billet, il suffit d'utiliser les*

_____ *de couleur orange, mis à votre disposition dans les*

_____ .

— *si votre billet est* <u>aller-retour</u>, *compostez-le à nouveau lors de l'accès au train de retour.*

26

- *Vous annulez ou interrompez votre voyage... la _____ _____ vous facilite le remboursement de votre billet.*

Les billets non utilisés sont _remboursables_, En règle générale, ce _remboursement_ est effectué immédiatement et sans formalités pendant la période d'_____.

La SNCF déduit du _____ à rembourser une somme _____ destinée à couvrir les _____ qu'elle a engagés lorsqu'elle n'est pas responsable de la non-utilisation du billet.

VOS BAGAGES

acheminés
train
bagages
colis
départ
délais
enregistrer
voyageur
transport

- *Vous pouvez faire _____ comme bagage trois _____ au maximum par _____.*

- *Les bagages enregistrés ne sont normalement pas _____ par le même _____ que les voyageurs; par contre leur _____ bénéficie de _____ garantis.*

- *Chaque fois que vous le pouvez, faites enregistrer vos _____ quelques jours avant votre _____.*

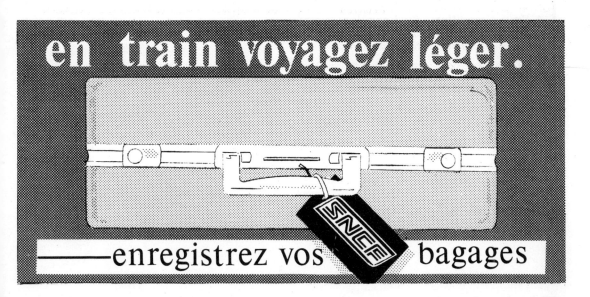

en train voyagez léger.
_____ enregistrez vos bagages

VOTRE BILLET

● **Vous pouvez acheter votre billet à l'avance et l'utiliser le jour de votre choix pendant une « période de deux mois ».**

Cette période commence, en général, le jour de la délivrance du billet ; mais si vous avez réservé votre place au moment de l'achat du billet, elle commence seulement le jour pour lequel vous avez réservé.

Cette période se termine 2 mois plus tard, qu'il s'agisse d'un parcours simple, ou d'un aller-retour ou circulaire. Il vous suffit d'emprunter, selon le cas, au départ de la gare origine du voyage, de la gare de retour ou de la dernière gare d'arrêt, un train partant au plus tard avant minuit le dernier jour de la période d'utilisation.

ATTENTION : Certains billets à prix réduits comportent des dispositions particulières :
— période d'utilisation inférieure ou supérieure à 2 mois ;
— utilisation limitée à certains jours.
Ainsi certaines réductions accordées par la SNCF ne sont-elles pas valables pendant les périodes de fort trafic. Consultez le calendrier voyageurs et renseignez-vous dans les gares ou les agences de voyages.

● **Vous devez le valider dans tous les cas en le compostant lors de l'accès au train.**
— même si vous avez réservé ;
— même si la date de départ est indiquée sur le billet.

Pour valider votre billet, il suffit d'utiliser les composteurs de couleur orange mis à votre disposition dans les gares ou les points d'arrêt.

● Si votre billet est aller-retour, compostez-le à nouveau lors de l'accès au train de retour.

● Si vous vous arrêtez en cours de route, n'omettez pas de composter votre billet une nouvelle fois au moment de reprendre le train.

● **Vous modifiez ou annulez votre voyage... : la SNCF facilite l'échange de votre billet ou son remboursement.**

● Les billets sont généralement échangés gratuitement par toute gare de la SNCF ou par l'agence de voyage qui les a délivrés, si vous les présentez pendant leur période de validité.

● Les billets non utilisés sont remboursables par les points de vente précités. En règle générale, ce remboursement est effectué immédiatement et sans formalités pendant la période d'utilisation de votre billet, et dans les deux mois qui suivent cette période.

Toutefois, en cas d'utilisation partielle (non utilisation sur une partie du parcours, utilisation en 2e classe d'un billet valable en 1e classe, utilisation par un nombre de voyageurs inférieur à celui pour lequel le billet a été établi, etc.), il vous est demandé de faire annoter le billet, le jour de votre voyage, par un agent qualifié de la SNCF.

● La SNCF déduit du montant à rembourser une somme forfaitaire destinée à couvrir les frais qu'elle a engagés lorsqu'elle n'est pas responsable de la non utilisation des billets. Les billets d'un prix inférieur à cette somme forfaitaire ne sont pas remboursables.

VOS BAGAGES

● Vous pouvez faire enregistrer comme bagage trois colis au maximum par voyageur ; le poids unitaire de chacun d'eux est limité à 30 kg.

● Par ailleurs, vous pouvez, dans la plupart des cas, les faire enlever et livrer à domicile.

● Les bagages enregistrés ne sont normalement pas acheminés par le même train que les voyageurs. Par contre, leur transport bénéficie de délais garantis. (Renseignez-vous dans les gares).

● Les bicyclettes peuvent être enregistrées dans les mêmes conditions que les autres bagages. De plus, sur certaines relations et dans certains trains, il vous est possible de faire transporter votre bicyclette dans le train que vous empruntez, en assurant vous-même le chargement, le déchargement et la surveillance.

● Chaque fois que vous le pouvez, faites enregistrer vos bagages quelques jours avant votre départ.

LE TRAIN,
DU BON TEMPS À BON PRIX

POUR LES FAMILLES :
LA CARTE COUPLE/FAMILLE

• 50 % de réduction (sauf banlieue de Paris) à partir de la 2e personne figurant sur la carte, la 1re personne ayant le plein tarif).

Il suffit de commencer chaque trajet en période bleue (2 personnes), en période bleue ou blanche (3 personnes et plus) du calendrier voyageurs.

• Réduction sur la plupart des services de tourisme SNCF.

La carte COUPLE/FAMILLE est établie gratuitement sur présentation du livret de famille et d'une photo de chaque personne. La carte est valable 5 ans.

Vous pouvez bénéficier d'autres tarifs réduits avec la carte famille nombreuse, les billets de congé annuel, le billet séjour ou le billet mini-groupe.

POUR LES JEUNES :
LE CARRÉ JEUNE

• Pour tous les jeunes de 12 à 25 ans.

• 50 % de réduction en période bleue et 20 % en période blanche sur 4 voyages à parcours simple. *one way journey.*

• Réduction valable un an sur tout le réseau grandes lignes de la SNCF en 1re comme en 2e classe.

Vous pouvez acheter autant de Carrés Jeunes que vous le souhaitez dans l'année.

Le Carré Jeune est délivré immédiatement dans toutes les gares et agences de voyages.

Et du 1er juin au 30 septembre, vous pouvez bénéficier en période bleue avec la CARTE JEUNE, d'un nombre illimité de voyages à 50 % de réduction et d'autres avantages : une couchette gratuite, etc.

En train, pas besoin d'être en groupe pour voyager moins cher...

Remplissez ce tableau :

Type de titre	Nombre de personnes ayant droit	Durée de validité	Conditions d'âge	Classes concernées	Périodes concernées	Montant de la réduction
Carte Couple/ Famille						
Carré Jeunes						

29

RECETTES POUR

OÙ ET COMMENT RÉDUIRE VOS FRAIS

Savez-vous que les seuls frais professionnels (voyages, location de véhicules, hôtellerie-restauration, essence) coûtent aux entreprises françaises sept pour cent de leur chiffre d'affaires et un peu plus que le montant total de l'impôt sur les sociétés ? Selon une enquête réalisée par Sofema International pour l'American Express, deux entreprises sur trois n'ont pas de politique définie en la matière ! A défaut d'avoir un compte chez les agents de voyages ou autres prestataires de services, près de cinq milliards de francs sont immobilisés en permanence sous forme d'avances sur frais. Au coût actuel de l'argent, voilà les profits amputés chaque année de 600 millions de francs !

Le constat ne se limite pas aux frais professionnels. Selon une enquête de la Cegos, les services généraux (téléphone, courrier, gardiennage, accueil, fournitures de bureaux) s'élèvent à 1 % du chiffre d'affaires.

Le système des cartes de crédit société permet aussi d'échapper au cruel dilemme : faire supporter les avances par le salarié ou par l'entreprise. Chez Charles Jourdan, le plafond à ne pas dépasser a été fixé à 120 francs le déjeuner à Paris, à 100 francs en province, et la maison ne rembourse plus les repas entre personnes d'un même service.

Un point délicat à régler : la restauration des clients invités par l'entreprise. Il y a d'un côté les libéraux comme Patrick Wallaert, directeur général d'Expand : « On a de meilleures relations humaines dans un restaurant chic ! » Et de l'autre les spartiates, tel Luis Martinez, en charge des achats généraux de Lectra Systèmes, qui a fait aménager une salle de réception pour une douzaine de personnes dans le cadre du restaurant d'entreprise. Même choix chez Bertin, où le poste « invités » (qui flirtait avec le million de francs) a été réduit des deux tiers.

RESTAURANTS HOTELS

Une règle d'or : pratiquer les abonnements sur certaines chaînes d'hôtels, ou les signatures dans quelques restaurants. Deux avantages majeurs : des possibilités de remise, et la facture en fin de mois, qui comble d'aise le directeur financier soucieux de sa trésorerie.

VOITURES

Un point épineux, à cause des taxes dissuasives infligées aux véhicules de fonction : entre 8 000 et 12 000 francs selon la puissance fiscale. Faut-il rembourser les frais kilométriques ou louer ? Tout dépend du nombre de kilomètres couverts chaque année. Au-dessus d'un point mort (30 000 kilomètres environ, mais le calcul est simple), les

DÉPENSER MOINS

frais fixes occasionnés par une voiture prise en charge par la société sont amortis. A condition d'opter pour un véhicule « société » : les « quatre places » sont soumis à une TVA de 33 % non récupérable.

Si vous optez pour la location, pratiquez la mise en concurrence systématique. Non seulement des marques, mais même des concessionnaires. « Les différences ne sont pas énormes. Mais on peut toujours gagner la vignette ou un plein d'essence », explique le responsable de Lectra Systèmes. Pas négligeable pour lui, avec son parc de 40 voitures et son budget de 1,2 million de francs...

VOYAGES

Dans un monde qui bouge, peut-on économiser sur les voyages ? Il y a la solution Charles Jourdan. Au menu : la nomination d'un responsable « voyages » pour toute l'entreprise, la mise en concurrence systématique des agences, la révision des hôtels utilisés, le remplacement de l'avion par le TGV (qui couvre en trois heures Paris-Valence), ou la classe « tourisme » pour les cadres sur les vols de jour. Résultats immédiats : une économie de 10 % sur un poste qui pèse quelque 4 millions de francs (0,4 % du chiffre d'affaires).

« Question d'organisation », affirme de son côté Christian Lenotre, PDG de Cristopia. Travailler dans l'arrière-pays niçois, c'est bien, mais cela impose d'aller souvent à Paris. Pourquoi ne pas tenter de bénéficier des tarifs SPI (40 % de réduction), réservés à ceux qui séjournent de 7 à 35 jours entre le vol aller et le retour ? Il suffit de programmer à l'avance les déplacements, de façon que le billet retour de l'un serve à un autre, et ainsi de suite. Sur l'étranger, il faut « fouiner » : en deux heures, un salarié a fait descendre le prix de l'aller-retour Tokyo de 20 000 à 8 300 francs. En moyenne, 40 à 50 % d'économies réalisées en peu de temps.

PHOTOCOPIE

Attention aux marques qui vous proposent monts et merveilles, sans inclure dans le prix de location les coûts indirects ! Les frais d'entretien grimpent vite, s'il faut appeler un réparateur tous les deux jours. Bernard Chaillou, directeur financier de la société de recherches Bertin (550 salariés en région parisienne) a fait confiance au seul fournisseur qui lui proposait un prix « sans surprise » : 20 centimes, en moyenne, la télécopie. La seule surprise est venue de l'ampleur des économies constatées : 50 % de réduction sur un poste dépassant le million de francs (0,5 % du chiffre d'affaires). Comme pour le téléphone, vous pouvez aussi limiter les abus par des dispositifs dissuasifs : code d'entrée ou compteur par service.

TÉLÉPHONE

Le poste idéal pour faire porter les premiers efforts d'économie. Les frères Gout, dirigeants des Tricotages castrais (52 millions de francs de chiffre d'affaires), ont choisi d'anticiper sur les PTT : la suppression du PCV pour les représentants a dégonflé la note de 15 %. Sans dommages commerciaux : « Dans neuf cas sur dix, l'information n'a rien d'urgent », souligne Michel Gout. Jacques Lefeuvre, directeur financier des chaussures Charles Jourdan (950 millions de francs de chiffre d'affaires) à Romans, a vu plus grand, en mettant en place une commission ad hoc. Résultat 60 000 francs d'économies par an (10 % du poste).

Les nouvelles installations ne coûtent d'ailleurs pas très cher : 19 000 francs par mois pour une ligne directe entre les différents établissements de Paris ou de la Drôme, et quatre magasins-filiales à travers la France ; 36 000 francs par an pour un standard « intelligent » et « mouchard », qui bloque le 16 ou le 19 sur certains postes, permet le rappel et les transferts automatiques, et enregistre en mémoire les appels de chacun. Plus des consignes de bon sens, du style : « Lorsqu'un poste est occupé, raccrochez et rappelez. » Sachez aussi jouer des différents modes d'information : courrier, télex, télécopie... La télécopie, c'est le choix de Cristopia (6 millions de francs de chiffre d'affaires), une petite entreprise de 15 personnes à Vence (Alpes-Maritimes), qui conçoit et fabrique des petites boules destinées au stockage de l'énergie. Coût d'installation du télécopieur : 22 000 francs. Amorti dans les deux ans, espère Christian Lenotre, le PDG, qui jusqu'ici dépense 1 % de son chiffre d'affaires en téléphone.

FOURNITURES

Papiers, ciseaux, crayons : une belle source de gâchis, si l'approvisionnement est soumis au libre-service. Chez Hennequin et Cie, Gérard Clopin, directeur général, y a mis bon ordre. Un bureau fermé à clé et un responsable unique. Les demandes d'achat de chaque service sont transmises chaque mois, afin d'éviter des livraisons trop réduites. En un an, ce poste (0,1 % du chiffre d'affaires) a été amputé d'un quart.

Le coût du papier n'en finit pas de monter. Les directives aussi : utiliser les feuillets recto verso, reprendre des notes non complètes, etc. Christian Lerenard, directeur financier de SOREP, société bretonne de micro-électronique, est plus radical : « Pour réduire la consommation de papier, rien de tel que de réduire au maximum le nombre de gratte-papier. » Chez SOREP, on fait très fort : 12 personnes en tout pour l'administration et la comptabilité, sur un effectif total de 300 salariés ! Car sur ces fournitures, les dérapages sont fréquents et inattendus. Chez Avon-et-Ragobert, les emballages carton avaient dépassé les fournitures de bureaux, atteignant 0,5 % du chiffre d'affaires. Les salariés l'avaient perdu de vue, et utilisaient les cartons à tout va. Comme poubelles ou pour remplacer des conditionnements solides... La remise en ordre a permis d'économiser 20 %.

L'Entreprise, janvier 1986.

Répondez aux questions suivantes :

• Quels sont les frais professionnels d'une entreprise ?
• Ces frais représentent quel pourcentage du C.A. des entreprises françaises ?

RESTAURANTS - HOTELS

• Quelle est la méthode proposée pour réduire les frais de restauration et d'hôtellerie ?
• Quels sont les 2 avantages de cette méthode ?
• En ce qui concerne les clients invités par l'entreprise, 2 exemples sont donnés : pourquoi Patrick WALLAERT est-il considéré comme « libéral », et Luiz MARTINEZ comme « spartiate » ?

VOITURES

• Quelle est la question que les entreprises se posent à propos des véhicules à usage professionnel ?
• Dans le cas d'une voiture appartenant à l'entreprise, à partir de quel kilométrage est-elle rentable ?

VOYAGES

• Quels moyens ont été mis en place par la Société Charles JOURDAN pour réduire les frais de voyage ?

• Quelle est la réduction ainsi obtenue ?
• En ce qui concerne la Société CRISTOPIA,
- où est-elle installée ?
- qui peut bénéficier des tarifs SPI ?
- quel moyen de transport (avion/ train/ bateau) est concerné par ces tarifs ?

PHOTOCOPIES

• A quoi doit-on faire attention dans un contrat de location de photocopieurs ?
• Quelle a été la surprise de Bernard Chaillou ?

TÉLÉPHONE

• Quelle a été la réaction des frères Gout pour le « poste » téléphone ?
• Citez les nouvelles installations « qui ne coûtent pas cher » et font faire des économies.

FOURNITURES

• Comment économise-t-on les fournitures chez Hennequin et Cie ?
• Donnez la solution de la SOREP pour économiser le papier.
• Quelle solution la Société AVON a-t-elle trouvé pour réduire les coûts d'utilisation des cartons ?

entraînez-vous

VOUS RÉPONDEZ SELON LE MODÈLE :

1 ● Vous êtes Canadien, Monsieur ?
- Oui, je suis Canadien.

- Vous avez des bagages ?
- Vous prenez un taxi ?
- Vous avez atterri à Strasbourg ?
- Est-ce que vous voulez téléphoner ?
- Est-ce que vous connaissez Strasbourg ?
- Cette valise est-elle à vous ?
- Logez-vous à l'hôtel Ibis ?

2 ● Il fait beau, aujourd'hui !
- Et hier, il <u>faisait</u> beau ?

- Regardez, il neige !
- Le bar de l'aéroport est fermé aujourd'hui !
- Qu'est-ce qu'on circule mal aujourd'hui !
- Les taxis sont tous occupés, aujourd'hui !
- Regardez, les piétons se dépêchent !
- Dites donc, il y a beaucoup de voyageurs !

3 ● Vous allez téléphoner ?
- Non, j'<u>ai</u> déjà <u>téléphoné</u>.

- Vous allez dîner ?
- Vous allez réserver une chambre ?
- Vous allez appeler votre ami ?
- Vous allez boire un café ?
- Vous allez prendre votre billet ?
- Vous allez vous promener ?

4 ● Vous sortez, Monsieur ? Il fait bon maintenant !
- Hier, quand je <u>suis sorti</u>, il ne <u>faisait</u> pas bon.

- Vous changez de l'argent ? le bureau est ouvert maintenant !
- Vous déjeunez ? il y a de la place maintenant !
- Vous téléphonez ? les cabines sont libres maintenant !
- Vous réservez une chambre ? j'ai le planning sous les yeux maintenant !

- Vous voulez payer votre chambre ? la note est prête maintenant !

5 ● Tu dînes tout de suite ?
- Non, je <u>dînerai</u> tout à l'heure.

- Vous prenez un taxi tout de suite ?
- Vous allez à la Foire Européenne tout de suite ?
- Vous recevez votre invité tout de suite ?
- Vous avez besoin de ce numéro tout de suite ?
- Vous lisez ce journal tout de suite ?
- Vous remplissez cette fiche tout de suite ?

6 ● Vous avez des bagages ?
- Oui, j'<u>en</u> ai.
● Vous avez réservé une chambre ?
- Oui, j'<u>en</u> ai réservé <u>une</u>.

- Il a pris un taxi ?
- M. Devin avait un journal ?
- Vous gardez une valise avec vous ?
- Il veut du café au petit déjeuner ?
- Vous me rendez de la monnaie ?
- Il y avait trois hôtesses dans l'avion ?

7 ● Est-ce que tu es déjà allé à La Maison Bleue ?
- Oui, j'<u>y</u> suis déjà <u>allé</u>.

- Est-ce qu'elle est restée longtemps au Cameroun ?
- Bert, vous avez déjà déjeuné « Chez Martin » ?
- Est-ce que tu as habité longtemps à Cleveland ?
- Messieurs, vous êtes allés au théâtre, hier soir ?
- Tu es passé au bureau de renseignements ?
- Les Wilson sont partis en Algérie en 1957 ?

8 ● *Tu resteras longtemps à Strasbourg ?*

- *Non, je n'y resterai pas longtemps.*

- Tu partiras au Gabon prochainement ?
- Elle reviendra en France prochainement ?
- Alex et Jean, vous passerez à la Foire dans l'après-midi ?
- Monsieur, est-ce que vous dînerez dans votre chambre ?
- Est-ce que les candidats se présenteront à l'agence ?
- Jean ira au cinéma ce soir ?

9 ● *Cette valise, c'est la vôtre ?*

- *Oui, c'est ma valise, c'est bien la mienne !*

- Ce journal, c'est le sien ?
- Ces bagages, ce sont les leurs ?
- Cette clé, c'est la vôtre, Monsieur ?
- Ces journaux, ce sont les vôtres, Messieurs ?
- Cette adresse, c'est la sienne ?
- Ce dossier, c'est le tien, Jean ?

10 ● *J'ai fini, Monsieur : je dois appeler Londres ?*

- *C'est ça, appelez Londres puisque vous avez fini.*

- J'ai tapé le rapport, Monsieur ; je peux partir ?
- J'ai prévenu le directeur, Louis ; je dois appeler Masson ?
- J'ai organisé la réunion, Monsieur ; je peux lancer les invitations ?
- J'ai classé le dossier IPESUM, Madame ; je dois rédiger le rapport ?
- J'ai réglé l'affaire NORMA, Paul ; je dois avertir le comptable ?
- J'ai terminé le bilan, Monsieur ; je dois réunir les chefs de service ?

11 ● *Es-tu satisfait du dernier congrès ?*

- *Bien sûr que j'en suis satisfait !*

- Paul, êtes-vous content de ce nouveau procédé ?

- A-t-il besoin de ces trois colis ?
- Les services centraux ont-ils peur de ma campagne publicitaire ?
- Vos bureaux sont-ils équipés de cette nouvelle machine, Monsieur ?
- Irène, es-tu informée de ces nouvelles mesures ?
- Vos agents sont-ils conscients de leur responsabilité dans cette affaire ?

12 ● *Les clients ne viennent plus te voir directement ?*

- *Non, mais l'an dernier, ils venaient encore me voir directement.*

- Cet hôtelier ne propose plus de prix de groupe ?
- Les boutiques n'acceptent plus les chèques en dessous de 50 F ?
- Les pouvoirs publics n'aident plus les petites entreprises ?
- La préfecture n'appuie plus les demandes de subvention ?
- Il n'y a plus de bar à l'aéroport ?
- Vous n'utilisez plus le système VHS, Messieurs ?

13 ● *Jean quitte le Ghana et il s'installe en Arabie Saoudite ?*

- *Il va bientôt quitter le Ghana ; ce n'est que plus tard qu'il s'installera en Arabie Saoudite.*

- Jean, vous prenez une décision, et vous informez la presse ?
- Ils déposent leur bilan et transforment leur production ?
- Philippe, vous lancez le GX 2 et vous l'écoulez sur le marché national ?
- La Société OSSAN augmente son prix de vente et elle ouvre deux agences en province ?
- Erna comptabilise les dépenses et elle fait le bilan ?
- Les grévistes arrêtent le travail et ils négocient ?

dialogues

LA RENCONTRE D'UN AMI

Au restaurant

Jean Pietilä et Henri Devin se dirigent vers le restaurant...

HD : Bonsoir, toujours aussi exact !

JP : Il est tard, et tu sais, j'ai faim ! Et toi ?

HD : Je n'ai pris qu'une boisson dans l'avion...

JP : Tu connais « Le Gourmet » ?

HD : Non, car lorsque je suis venu, il y a six mois, les patrons étaient en congé.

JP : Ah oui ! Il était fermé... et j'avais pensé t'emmener à « La Bonne Table »...

HD : ... et quand nous sommes arrivés devant la porte de ce restaurant, une pancarte indiquait qu'on y faisait des travaux... Nous n'avons vraiment pas eu de chance, il était tard, et nous n'avons pas trouvé de place ailleurs... En fin de compte, nous sommes allés à la « Brasserie de la gare » pour y avaler une soupe à l'oignon...

JP : Quelle soirée... Tu te souviens, pendant que nous mangions, une femme un peu bizarre nous a accostés et nous a raconté toute sa vie : elle avait été la maîtresse d'un colonel, ils avaient vécu en Afrique, il l'avait quittée, maintenant elle vivait seule et elle buvait...

HD : Quelle bonne femme ! C'était vraiment facile de la faire parler... Entre, je t'en prie...

LE GARÇON : Voici la carte, Messieurs...

HD : Qu'est-ce que tu me conseilles Jean ?

JP : Je te propose de commencer par un apéritif ; *(au serveur)* deux martinis blancs, s'il vous plaît... Et pour dîner, que nous proposez-vous ?

LE GARÇON : Nous avons un très bon foie de canard frais préparé au sherry : je pense que ces Messieurs apprécieront.

JP : Très bien, nous en goûterons volontiers.

HD : *(montrant les plats qu'un serveur apporte à la table d'à côté)* Quels sont ces plats de poisson ? Ils ont l'air appétissant !

LE GARÇON : Celui-ci, c'est du loup farci en croûte ; celui-là, c'est du saumon grillé.

JP : Mmh... Je prendrai du saumon ; et toi, Henri ?

HD : Moi, je vais essayer le loup en croûte !

LE GARÇON : Et comme boisson... ?

JP : Pas de vin rouge, n'est-ce pas Henri ?

HD : Non, mais nous prendrons un peu de vin blanc... Alors, garçon, conseillez-nous !

LE GARÇON : Du Riesling ira parfaitement avec le poisson...

HD : Pour le dessert, nous verrons plus tard...

JP : Un repas ici, c'est quand même meilleur que ce qu'on mange dans un self-service !

(plus tard, ils sortent du restaurant)

HD : A propos, tu te souviens du « Lotus Bleu » à Montréal ? J'y suis retourné la semaine dernière : c'est de moins en moins bon et de plus en plus cher...

HD : Quel repas ! Quand je pense à demain... J'ai une journée chargée... Bonne nuit !

39

à vous d'agir

1   *On réserve.*

LE CLIENT : Vous invitez des correspondants d'affaires au restaurant (vous serez, vous inclus, 8). Il est 13 heures. Vous téléphonez à la gérante du « Fer blanc » pour savoir si elle vous accepte ; vous n'êtes pas un client habituel de ce restaurant.

LA GÉRANTE : Il est 13 heures ; on vous appelle pour une réservation à déjeuner ; vous hésitez : votre personnel de cuisine s'arrête normalement à 13 h 30, mais la réservation vous semble intéressante.

LA CLIENTE : Vous avez invité des collègues au restaurant ; vous avez réservé pour 21 heures une table dans un très bon restaurant qui est toujours plein (vous serez 4). Vous rappelez le restaurant à 20 heures pour indiquer un contretemps ; vous désirez repousser la réservation à 21 h 30.

LE PATRON : Un client a réservé une table de 4 personnes pour 21 heures ; il vous rappelle pour retarder sa réservation à 21 h 30. Cela vous ennuie beaucoup, car cette table est normalement réservée pour 22 h 30 : vous réfléchissez et vous proposez une solution à ce client.

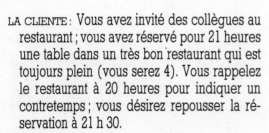

2 *Vous êtes chargé d'organiser un repas d'affaires...*

L'ARSENAL
11, rue de l'Abreuvoir
88.35.03.69

Fermé samedi et dimanche. Cuisine chaude jusqu'à 24 h. Carte : 130/190 F. Cartes de crédit : CA/CB/TR.

Si cette année encore, il est notre préféré, c'est que l'Arsenal est un modèle du genre qui n'est pas près de nous décevoir (rapport qualité-prix exceptionnel). Tonny est un véritable poète, aussi bien pour l'art d'accommoder les plats que pour la façon dont il les décrit... Il rouvrirait l'appétit à un ventre déjà bien rempli ! Sa cuisine ? difficile à définir ; disons que c'est de la cuisine alsacienne nouvelle.

Restaurant «L'ARSENAL»

Tony et Jean-Louis Schneider :

- Crêpes Grand-mère
- Soupe de cochonnaille
- Pied de porc à la bière +
- Spatzle maison aux poireaux

et bien d'autres recettes anciennes
SALON pour petit banquet
Cuisine chaude jusqu'à minuit - Fermé samedi et dimanche

11, rue de l'Abreuvoir 67000 STRASBOURG - Tél. (88) 35.03.69

Indes :
LE NEW DEHLI
5, rue des Pucelles
88.36.89.99

Fermé dimanche midi et lundi. Cuisine chaude jusqu'à 23 h 30. Carte : 50/60 F.

Un décor tout rose, aux boiseries ciselées et sculptures indiennes. Un endroit sympa où les beignets de poulet, le birayni mouton ou le flan indien n'assécheront pas votre bourse. A découvrir : la boisson au yaourt et au cumin.

«La Cuisine de l'Inde»

Spécialités Tandoori
+ Plat du jour 23 F

5, rue des Pucelles
67000 STRASBOURG
Tél. (88) 36.89.99

Un moulin au bord de l'ill

Au 2e étage,
sous une authentique
charpente du 17e siècle

La restaurant ★★★
WÜRTZMÜHLE

17, rue des Moulins 67000 STRASBOURG Tél. (88) 32.80.16

ferme dimanche soir et lundi toute la journée

LA WURTZMUHLE
17, rue des Moulins
88.32.80.16

Fermé dimanche soir et lundi. Cuisine chaude jusqu'à 22 h. Menus : 150/200 F. Carte : 120/180 F. Cartes de crédit : AE/CB/DC/EC/TR.

Une charpente du XVIIe siècle sera le témoin de vos plaisirs du palais : suprême de sandre au Pinot Noir, piccata de veau aux artichauts, soupe de fraises au crémant d'Alsace... Et après un tel festin, allez perdre quelques calories à la discothèque deux niveaux plus bas.

Source : *Le Petit Futé*, 1984. Guide de Strasbourg par J.-M. de Balthasar et E. Giguet.

cas n° 1 : repas entre collègues

vous conviez 5 collègues à un déjeuner pour marquer la conclusion d'une bonne affaire :
budget prévu : 150 F par personne (tout compris).
repas à la charge de votre entreprise.

cas n° 2 : dîner de futurs associés

vous conviez à un dîner 2 personnes que vous espérez convaincre de participer à votre projet :
budget prévu : 200 F par personne (tout compris).
dîner à vos frais

cas n° 3 : dîner d'affaires

vous conviez à un dîner le patron d'une petite entreprise que vous envisagez de racheter (ce dernier est accompagné de son comptable) ; au cours de ce dîner, les conditions de cette opération doivent être analysées et négociées :
budget prévu : 180 F par personne (tout compris).
dîner à vos frais

Pour chaque cas, vous justifierez le budget fixé.

Votre choix...	*Pourquoi ?*
① : _____	_____
② : _____	_____
③ : _____	_____

3 Quels vins connaissez-vous ? Placez les principaux vins français.

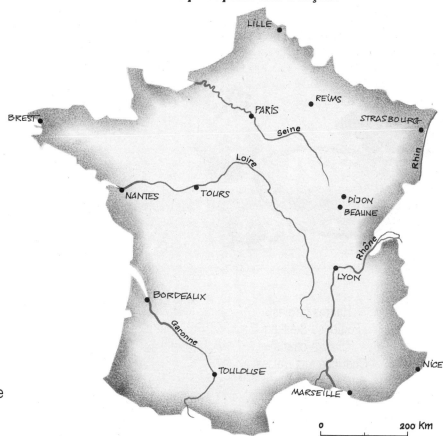

Le bourgogne
Le champagne
Le bordeaux
L'alsace
Le côte du Rhône
Le vin de Loire
Le vin du Jura

Choisissez les vins...

Vous préparez un menu que vous allez commander à votre restaurant habituel ; vous sélectionnez les vins :

Huîtres farcies
Poulet au Riesling
Chèvre chaud
Charlotte aux fraises

Bouchées à la reine
Canard à l'orange
Fromages
Fruits de saison

Foie gras
Saumon à l'oseille
Plateau de fromages
Vacherin

Moules marinières
Rôti de veau chasseur
Fromages
Sorbets

ACCORD DES METS ET DES VINS

I. Principes généraux

Il est difficile d'établir une règle absolue en ce qui concerne le choix des vins. On doit observer pourtant certains principes qui peuvent se résumer ainsi :

• 1. ACCOUTUMANCE

Les sensations produites sur le palais, par un même vin, s'émoussent assez vite. Pour les renouveler, il vaut mieux varier les vins.
Le Champagne est le seul vin qui puisse accompagner tous les mets d'un repas.

• 2. RYTHME

On doit servir :
— Le vin le plus léger avant le vin le plus corsé ;
— le vin sec avant le vin liquoreux ;
— le vin rouge avant le vin blanc liquoreux ;
— le vin blanc sec avant le vin rouge.

Tout se résume en une seule phrase qui est la fameuse règle d'or des vrais gourmets. « Aucune bouteille ne doit faire regretter la précédente. »

• 3. HARMONIE

Les vins et les mets doivent s'harmoniser :
— avec un plat léger : un vin léger ;
— avec un plat relevé : un vin corsé ;
— avec un plat comportant une sauce au vin : le vin correspondant.

Enfin, il est préférable de servir des vins de pays avec les mets régionaux.

II. Accords classiques

A ce sujet, il convient de faire une double recommandation :
— boire peu au début du repas ;
— absorber une gorgée d'eau pure au moment de changer de vin.
Nous étudierons ci-dessous les mariages des vins avec certains plats composant un menu :

• 1. LES HORS-D'ŒUVRE

Avec les hors-d'œuvre assortis, un vin blanc sec s'impose.

• 2. LA CHARCUTERIE - LES PÂTÉS

Ces mets s'harmonisent, selon le cas, avec un vin blanc sec, un vin rouge léger ou corsé.

• 3. LES POISSONS - LES CRUSTACÉS

En principe, on recommande tous les vins blancs secs ou demi-secs.

• 4. LES VIANDES

La viande, comme le fromage, exige un vin rouge et si possible une « grande bouteille ».

• 5. LES VOLAILLES

Suivant la préparation, on peut choisir des vins rouges corsés, des rouges légers, parfois même des vins blancs demi-secs ou moelleux.

• 6. LES FROMAGES

Le vin s'associe de façon très heureuse avec les fromages : un vin rouge délicat ; vin rouge de classe.

• 7. LES ENTREMETS ET LES DESSERTS

Avec les entremets sucrés, on conseille les vins suivants :
— Champagne demi-sec ;
— vin liquoreux de la Gironde ;
— vin de la Dordogne ;
— vin d'Anjou ;
— vin mousseux.

Technologie de restaurant - Tome 1 par Ph. Mazzetti ; M.L. Francillon ; J.J. Guilleminot — L.T. Éd. J. Lanore — Paris VII.

- Votre directeur et son épouse
- Vos homologues des services administratif et financier
- Le client du Ghana
- La cliente du Japon
- Vos principaux fournisseurs
- Les personnalités de la ville, que vous avez invitées à l'inauguration d'une de vos agences
- Vos revendeurs sur l'Europe

Toques et notes

Toques rouges : cuisine inventive
Toques blanches : cuisine de tradition
L'année indiquée après chaque restaurant
est celle de l'obtention de sa 3ᵉ ou 4ᵉ toque.

Quatre toques, avec 19,5/20

à Paris :

Lucas-Carton (Senderens), 8ᵉ, 1978
Robuchon, 16ᵉ, 1985

en province :

Michel Guérard, *Eugénie-les-Bains*, 1976
Le Moulin de Mougins, *Mougins*, 1975
L'Oasis, *La Napoule*, 1980
Chantecler, *Nice*, 1982
L'Espérance, *St-Père-sous-Vézelay (Vézelay)*, 1983
Georges blanc, *Vonnas*, 1981

en Suisse :

Girardet, *Crissier*, 1976

Quatre toques, avec 19/20

à Paris :

Taillevent, 8ᵉ, 1981

en province :

Jean Bardet, *Châteauroux*, 1985
Auberge de l'Ill, *Illhaeusern*, 1972
La Côte Saint-Jacques, *Joigny*, 1986
Lou Mazuc, *Laguiole*, 1986
Alain Chapel, *Mionnay*, 1974
Troisgros, *Roanne*, 1972
Pierre Gagnaire, *Saint-Étienne*, 1986
La Côte d'Or, *Saulieu*, 1986

en Belgique :

Comme Chez Soi, *Bruxelles*, 1984

Quatre toques, avec 19/20

Bocuse, *Collonges (Lyon)*, 1972

Trois toques, avec

à Paris :

* Carré des Feuillants (Dut...
La Tour d'Argent,
Jacques Cagna,
Le Divellec, 7...
Pavillon de l'Élysé...
Faugeron, 16...
Guy Savoy, 1...
Michel Rostang

en banlieue :

La Vieille Fontaine, *M...*
Les Trois Marches,

en prov...

L'Aubergade, *Puyr...*
La Bonne Auber...
Auberge des Templie...
Café de Paris,
Lameloise, '
Le Flambar...
Léon de Ly...
Boyer, ...
Le Lion d'Or,
Les Pyrénées, *Saint...*
Le Crocodile
Pic, *V...*

en ...

La Cravache
L'Oasis,
Apicius,

Bruderholz
Chez Max,

Trois ...

...
La Villa Lo...

RENSEIGNEMENTS PRATIQUES ET ABRÉVIATIONS

Restaurants

Ⓝ signale un établissement faisant son entrée cette année dans le Guide.

🏅 Les Lauriers du Terroir : cuisiniers proposant de vieilles recettes régionales.

M. (ou Mme) : nom du propriétaire ou du gérant.

F. : fermetures (hebdomadaire, annuelle).

Déj. (ou dîn.) seult : déjeuner (ou dîner) seulement.

Jusqu'à : heure limite jusqu'à laquelle on sert à dîner.

Sal. part. : salons particuliers avec le nombre maximum de couverts.

Pkg : parking, suivi du prix s'il est payant.

Terr. découv. : terrasse découverte où l'on peut déjeuner.

Repas jardin : jardin où l'on peut déjeuner.

Air cond. : air conditionné.

Chiens int. (ch.) (rest.) : chiens interdits dans tout l'établissement (ou seulement dans les chambres) (ou seulement au restaurant).

Ch. : nombre de chambres, suivi du prix minimum pour une personne et maximum pour deux, **ces prix s'entendent petit déjeuner compris.**

1/2 pension : prix minimum pour une personne et maximum pour deux.

(s.c.) : service compris.

Séminaires : nombre maximum de personnes acceptées.

H : restaurant possédant des chambres, non sélectionné spécialement comme hôtel.

Cartes de crédit : *CB (ou VISA), A...
DC, EC :* établissements acce...
tant les cartes de crédit suivante...
Carte Bleue (ou celles du systèm...
VISA, spécifié seulement pour l...
Benelux et la Suisse), America...
Express, Diners Club, Eurocar...

Carte ou Menus : prix en rouge = exce...
lent rapport qualité-prix.

Hôtels

 Hôtel très tranquille.

Les hôtels ont été classés selon les quatre catégories suivantes :

 Grand luxe

 Luxe

🏠 Très confortable

🏠 Bon confort

 sigle en rouge : hôtel de charme.

Vous retrouverez ces mentions à gauche du nom de l'établissement.

Cartes de crédit : ne sont précisées que si l'établissement n'est cité que comme hôtel. Sinon voir à la fin des renseignements pratiques du restaurant.

Vous trouverez les **cartes** p. 32 à p. 71 et les **index** des villes de province classées par départements p. 870 à p. 880. Les index pour **Paris** (alphabétique, ouverts tard le soir, le dimanche et en août) se trouvent p. 176 à p. 184.

Ne nous en veuillez pas si les prix indiqués dans ce guide ont grimpé (carte, menus, chambres, etc.). Ceux-ci nous ont été communiqués par les restaurateurs et hôteliers et ne sauraient engager notre responsabilité.

SAVERNE
67700 Saverne

Paris 419 - Strasbourg 39 - Haguenau 36 - St-Avold 86

12/20 CHEZ JEAN - 88.91.10.19
3, rue de la Gare. **M. Harter.** F. dim. soir, lundi, du 24 déc. au 10 janv. et 10 jrs déb. sept. Jusqu'à 21 h. Sal. part. : 100 couv. Pkg. Chiens int. 22 ch. de 105 à 197 F t.c. 1/2 pension de 180 à 380 F t.c. oblig. en sais. Chiens int. Séminaires 20 pers. **H. Cartes de crédit :** CB, DC, EC

« Chez Jean » est l'une des plus belles et des plus euphoriques brasseries d'Alsace. Jean et Jean-Pierre Harter ne craignent pas d'y proposer une cuisine qui, sous des aspects de très sage tradition, est en réalité parfaitement moderne et allégée. Qu'il s'agisse des très justes cuissons à la vapeur des poissons (sandre à la crème, saumon à l'oseille), des sauces réduites, des légumes de saison abondants et variés ou des viandes magnifiques, cuites presque sans graisse et remarquablement parées (pièce de bœuf aux échalotes). A côté de cela, bien sûr, une choucroute d'anthologie en parfaite harmonie avec le flamboiement du grand décor rustique. Accueil charmant, service rapide et gai, bons petits vins. Quelques chambres agréables et bien rénovées.
Carte : 200 F. **Menus :** 73 F, **91 F,** 158 F (s.c.).

18 LE CROCODILE
10, rue de l'Outre - 88.32.13.02
M. Jung. F. dim., lundi, du 8 juil. au 4 août et du 24 déc. au 1er janv. Jusqu'à 22 h. Sal. part. : 40 couv. Air cond. Chiens int. **Cartes de crédit :** AE, DC, EC

D'année en année, Emile Jung s'affirme comme un cuisinier complet. Aussi à l'aise dans le répertoire traditionnel, auquel il ne manque toutefois pas d'apporter une petite note personnelle, que dans la cuisine d'aujourd'hui, inspirée par le marché et les saisons. Le mariage des deux styles se réalise dans une parfaite harmonie et c'est avec le même bonheur qu'il traite un foie gras d'oie au torchon à l'ancienne ou une gelée de canard et foie gras à la vinaigrette de jeunes poireaux, un feuilleté de saumon aux asperges ou un suprême de sandre, une timbale du marinier à la nage ou un flan de cresson aux grenouilles, un pied de porc truffé en crépinette ou des ris de veau aux morilles, une oie rôtie à la choucroute ou un caneton rôti au gingembre et au genièvre. Aucun maniérisme, aucune fioriture inutile mais, au contraire, des saveurs franches et des goûts directs qui font de chaque repas un grand moment de plaisir. Il faut dire que tout y contribue : l'atmosphère gourmande de cette vieille maison, agréablement restaurée, avec ses boiseries claires, ses grandes tables nappées de blanc, son éclairage teinté de rose et ses beaux bouquets de fleurs, l'accueil attentif et exquis de Monique Jung, la perfection du service et la somptuosité de la carte des vins, où les plus grands vins d'Alsace et les millésimes exceptionnels des Hugel, Trimbach, Beyer, Schlumberger ou Jos Meyer composent une véritable anthologie (les bordeaux, les bourgognes, les côtes-du-Rhône et les vins de loire n'y sont d'ailleurs pas moins bien honorés).
Carte : 400 - 500 F. **Menu :** 215 F (s.c.).

COLMAR
68000 Colmar

Paris 445 - Strasbourg 69 - Nancy 141 - Bâle 68

15 LE RENDEZ-VOUS DE CHASSE
7, pl. de la Gare - 89.41.10.10
M. Riehm. Ts les jrs. Jusqu'à 21 h 45. Sal. part. : 50 couv. **Telex :** 880248. **Cartes de crédit :** CB, AE, DC, EC

Sérieusement rafraîchi, plus chaleureux et d'un admirable confort, le nouveau décor de cette grande maison proche de la gare reste l'un des plus assidûment fréquentés par la sérieuse clientèle locale, bourgeoise ou d'affaires. Laquelle n'a pas tort d'apprécier plus encore la gentillesse et le professionnalisme merveilleux de Richard et Ilonka Riehm, patrons aux petits soins, perpétuellement aux aguets de tout ce qui peut contribuer au plus grand bonheur de leurs hôtes. Entretenant pour ce faire une totale complicité avec leur « vieux » chef, Roger Muller, cuisinier hors pair, d'une grande adresse technicienne et que ses trente années de pratique ici même n'empêchent pas de courtiser, avec son jeune et brillant second, les répertoires primesautiers de la cuisine moderne. Qualité des produits et régularité de l'exécution ajoutent à l'intérêt de ces beaux plats saisonniers que sont les langoustines en papillotes de poireaux, la chartreuse de légumes au foie de canard frais, le bar rôti aux courgettes frites ou le pigeonneau aux petits navets et aux airelles. Sans oublier les petits et grands gibiers dont chaque saison de chasse déroule ici ses fastes et ses galas, sans doute parmi les plus impressionnants de la province. Charmants petits vins d'Alsace en carafe pour qui veut goûter à moindre frais aux charmes de ce chaleureux Rendez-Vous.
Carte : 300 F. **Menus :** 150 F, 215 F, 300 F + 12,65%s.

STRASBOURG
67000 Strasbourg

Paris 488 - Metz 161 - Colmar 69 - Bâle 137 - Lyon 489

13 AU GOURMET SANS CHIQUE
15, rue Sainte-Barbe - 88.32.04.07
M. Fien. F. dim. Jusqu'à 22 h. **Cartes de crédit :** CB, AE, DC

L'enseigne se refuse au chiqué et l'on conviendra que Jean Fien ne s'y laisse pas le moins du monde aller, si ce n'est trop volontiers dans la rédaction de ses redoutables additions. Pour le reste, beaucoup de sincérité — à défaut de nouveauté — dans sa salade de ris de veau tiède, le sandre en matelote de la pêche au sabayon servie avec une glace à la pistache. Très agréable et intime décor dans le goût 1930. Bonne cave.
Carte : 300 F. **Menus :** 120 F, 160 F, 180 F (s.c.).

6 Comment les placerez-vous ?

Vous devez placer autour de cette table 8 personnes, dont votre épouse et vous-même.

- Monsieur le Directeur de l'Entreprise SEMO et son épouse
- Monsieur le Conseiller Commercial près l'Ambassade de France
- Votre adjoint et son épouse
- Madame la Directrice commerciale de la SEMO (c'est une entreprise étrangère à mettre en relation avec le Conseiller Commercial, car elle veut exporter ; vous êtes actionnaire de la SEMO)

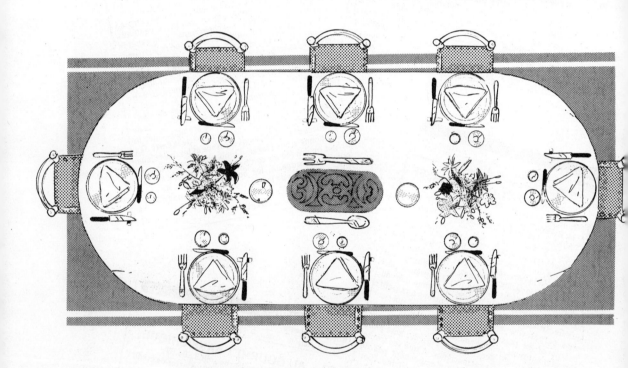

Présentez les convives les uns aux autres.

7 Vous confirmez par écrit les réservations suivantes :

Un dîner de 42 personnes

- c'est la clôture d'un congrès
- vous précisez l'heure, le jour, la qualité et le type de repas que vous souhaitez.

Un cocktail d'environ 60 personnes

- c'est l'inauguration d'un nouveau service
- vous précisez l'heure, le jour, la qualité et l'encadrement du cocktail.

8 *Il est tard : vous avez un problème...*

Vous sortez du restaurant après un repas copieux. Vous avez mal à l'estomac.

Vous demandez à un passant où est la pharmacie de garde.

Vous expliquez votre cas au pharmacien de garde.

à vous d'écrire

Vous écrivez un mot à Pietilä, qui vous a demandé des informations sur l'un de ses futurs clients :

Cher ami,

... Quand j'ai rencontré cet homme, il (être) _____ directeur de la Société des Forges ; il (être) _____ grand et il (avoir) _____ des cheveux châtains ; il (s'habiller) _____ très simplement, et (venir) _____ au bureau à pied. Les employés et chefs de service, qui (travailler) _____ avec lui, (apprécier) _____ particulièrement sa rigueur, son esprit de méthode et son humour. Il ne (supporter) _____ pas les médiocres, il (se méfier) _____ des gens qui (parler) _____ beaucoup. Quand il (traiter) _____ une affaire, il (observer) _____ ses interlocuteurs, ne (dire) _____ pas grand-chose ! Quand, enfin, il (prendre la parole) _____, c'(être) _____ pour reprendre tous les arguments de son interlocuteur et les analyser. Il (être) _____ dur en affaires ! D'autre part, il a participé à l'étude du projet du TGV dès 1976 ; 5 ans plus tard, le 26 février 1981, le TGV (battre) _____ le record du monde de vitesse ferroviaire entre deux villes françaises. C'(être) _____ un véritable défi que la Société Nationale des Chemins de Fer Français (lancer) _____ au Japon, car le « Tokaïdo » (exaspérer) _____ depuis 1964 les ingénieurs français ; Gauthier fut l'un de ceux qui accélérèrent les recherches... Voilà...

A bientôt.

Henri Devin

Vous notez dans votre carnet personnel vos réflexions de la journée.

10 septembre

Réflexions de la journée **DE, À, D'**

Il est difficile ___ pénétrer un marché étranger, même si on est prêt ___ faire l'impossible.

Il n'est pas nécessaire ___ téléphoner pour avoir ce numéro ; il est facile ___ l'obtenir en regardant le fichier.

Il est utile ___ classer les dossiers étrangers en fonction des producteurs.

Le directeur n'est pas prêt ___ négocier cette affaire ; il est très difficile ___ convaincre !

Affirmer que les Japonais sont toujours les plus forts est absurde ___ dire.

Certains partenaires sont longs ___ réagir.

Il est interdit ___ utiliser le sigle NM.

Il est idiot ___ penser que ce service est incompétent.

Je ne sais pas s'il est souhaitable ___ accepter cette offre.

Nous avons réussi ___ monter cette affaire facilement.

Nous devons nous obstiner ___ rechercher des marchés étrangers.

Si cette opération aboutit ___ la rupture de notre contrat, je m'abstiens ___ la poursuivre !

Qui nous empêchera ___ achever cette réalisation ?

Personne n'est encore parvenu ___ la condamner !

Ce fournisseur n'est pas pressé ___ nous livrer ; il risque ___ perdre d'autres clients s'il persiste ___ ne pas faire du bon travail !

Je vais suggérer à Gaudin ___ téléphoner aux directeurs des agences pour leur rappeler ___ nous envoyer les articles qui manquent. Ils nous avaient pourtant promis ___ le faire rapidement.

51

10 septembre

*Sur la réunion d'hier matin concernant l'avenir de l'ordinateur.
Je tenais à y participer avant mon départ pour Strasbourg.*

Bruxelles : ce jour, 9 h 30

Les intéressés à cette « table ronde » (se retrouver)   *dans
une salle du 2ᵉ étage de l'hôtel Continental. Les organisateurs* (s'adresser)   *aux utilisateurs présents dans la salle,
pour connaître les domaines dans lesquels, à leur avis,
l'informatique allait se développer. Nous* (s'apercevoir)
*que tous les services d'une entreprise pouvaient être reliés à
un ordinateur central. Certains* (s'élever)   *contre l'utilisation abusive de cet outil : ils* (se plaindre)   *du pouvoir
excessif que pourraient exercer les « spécialistes », ils* (se
méfier)   *des incidences néfastes ; ils* (se poser)   *des
questions quant à la formation du personnel, ils* (s'inquiéter)
de la pression des constructeurs... La discussion
(s'orienter)   *ensuite vers la robotisation et les participants*
(se pencher)   *sur le cas des entreprises productrices de
robots industriels. Les orateurs* (se succéder)   *pour présenter leur expérience et* (se renvoyer)   *la balle. Vers
12 h 30, la « table ronde »* (se terminer).

10 septembre

Ce que j'ai lu, ce que j'ai entendu.

ON/ONT

*— Les usines VOLVO   des contacts avec Marin Frères
pour la sous-traitance des garnitures intérieures ;   m'a
dit qu'ils n'   pas cherché un partenaire pendant long-*

52

temps ;   m'a affirmé que la sous-traitance se dévelop-
pait énormément et qu'   se dirigeait vers un réseau
inextricable de liens inter-entreprises.

— Aujourd'hui, il y a   de monde dans l'avion.
— La société Mangin   travailler avec nous ; je   rappeler
le directeur commercial à mon retour ; leurs chariots
élévateurs sont de bonne qualité et l'ingénieur commercial m'a affirmé qu'on   compter sur des délais de
fabrication   importants.

RECOMMANDATIONS   DE/À

— Dire au service du personnel   ne plus accepter de
candidats pour le poste d'attaché commercial.
— La secrétaire stagiaire doit apprendre   classer le
courrier ; elle aura   remplir les bons de commande et
taper des notes de service.
— Je dois inviter la direction   entreprendre   aménager
le 2ᵉ étage du bâtiment.
— Je vais demander à Chamier   terminer rapidement son
étude de marché et   ne pas oublier   faire ses
propositions avant janvier.
— Ce n'est pas moi qui déciderai   changer les références ; pourquoi ne pas envisager   mettre en place un
fichier informatisé ?
— C'est Valette qui se chargera   rassembler les informations ; il lui faudra le temps   contacter tous les
services, car je ne pense pas qu'il osera bousculer les
chefs de service ; je vais leur demander   lui faciliter la
tâche.

53

à vous de parler

1 **Vous êtes Henri Devin :**
Vous appelez un restaurateur afin de réserver une table.
Complétez le dialogue.

R : Ici le « Dragon Vert ». Bonsoir, Monsieur.

HD : _____

R : Pour quel jour Monsieur ?

HD : _____

R : Malheureusement, ce soir à cette heure-là tout est occupé...

HD : _____

R : Oui, vers 21 heures, mais pas plus tard.

HD : _____

R : Très bien, Monsieur, je note : une table pour 4 personnes, à 21 heures.

HD : _____

R : Tout à fait, Monsieur ; nos cuisines restent ouvertes jusqu'à 23 heures.

HD : _____

R : Entendu, Monsieur, à ce soir.

2 **Henri Devin trouve ce télex lorsqu'il rentre à son hôtel.**

```
        N1:                          ✳                    E:

SOTRABETEC 0157B
141 1615
880 399 F HOTIBIS ✳
SOTRABETEC 0157B .


ATTN : H. DEVIN

BONNES NOUVELLES DE STE PIROGEX. ONT ACCEPTE PRINCIPE SOUS-
TRAITANCE. SOUHAITE QU'ILS REVOIENT TARIFS. AIMERAIENT VOUS
RENCONTRER BIENTOT. VIENNENT LUXEMBOURG FIN DE MOIS ET  FE-
RONT VOYAGE BRUXELLES.
PROBLEME : N'APPRECIENT PAS ACCUEIL DE NOTRE AGENT LOCAL. LE
CONTACTER DEPUIS STRASBOURG. LE CALMER, LUI FAIRE SUIVRE L'AF-
FAIRE ET CONCLURE POSITIVEMENT.
TENEZ-MOI AU COURANT.

MARTIN D.G. - MARCHES ETRANGERS.

SOTRABETEC 0157B ✳
HOTIBIS 880 399F
```

Avez-vous compris ?

Qui envoie ce télex ? _____

Est-ce le supérieur, le collègue ou le subordonné de Devin ? _____

De quelle société parle-t-il ? _____

Dans quel pays et dans quelle région cette société est-elle installée ? _____

La SOTRABETEC est-elle représentée dans cette région ? _____

Quelles sont les relations de la SOTRABETEC avec la société qui est mentionnée dans le télex ?

Quels sont leurs projets communs ? _____

Quelles sont les consignes données à Devin ? _____

$\boxed{3}$ *Vous devez téléphoner à Fournier.*
Vous préparez quelques notes (questions, consignes...) en fonction de ce que vous savez :

Fournier a reçu un délégué de PIROGEX. Ce dernier a été mal reçu : il en a fait part à Martin, de la maison-mère.

— Vous demandez à Fournier ce qui s'est passé.
— Vous convenez avec lui d'une attitude à prendre vis-à-vis de ses partenaires, en général.
— Vous essayez de calmer sa fougue : c'est un bon « chasseur de partenaires », mais il est souvent cassant, un peu trop sec avec les clients...
— Vous essayez de le convaincre...

hotel ibis

Avenue de Sébastopol · 67000 STRASBOURG
Tél. : (88) 22.14.99 Télex 880 399 F

chaîne hôtelière

• *Ce qui s'est passé :*

• *Ce qu'il doit faire :*

4   *H. Devin vous contacte, vous répondez :*

— Vous êtes un conseiller technique de la société SOTRABETEC pour la région Languedoc-Roussillon (dont le bureau est à Montpellier) ; votre rôle est de rechercher des entreprises à mettre en rapport avec la société-mère qui est à Bruxelles (société de transferts de technologie, elle rassemble les compétences auprès d'entreprises européennes pour répondre à de gros marchés étrangers). Le responsable pour la recherche de partenaires européens est Henri Devin.

— Vous avez été récemment contacté par la société PIROGEX, de Nîmes, qui propose ses services en matière de panneaux de signalisation ; c'est l'une des trois entreprises qui vous semblent les plus intéressantes ; ses produits sont renommés mais ses prix, lors de ce premier contact, vous ont paru très peu compétitifs ; c'est ce que vous avez dit à votre interlocuteur (représentant de la maison PIROGEX) qui n'a pas du tout apprécié votre remarque ; vous lui avez indiqué que vous le recontacteriez dans la mesure où ses conditions de vente seraient meilleures...

Devin vous appelle à ce propos...

Fiche d'appel téléphonique ☎	
DATE : **NOM DU CORRESPONDANT :** **ENTREPRISE :** **ADRESSE :** **TEL. :**	**OBJET :**
SUIVI DE L'APPEL : **MESURES A PRENDRE :**	

5   *H. Devin téléphone un télex pour Bruxelles à la standardiste de son hôtel. Imaginez le texte qu'il va lui communiquer.*

informez-vous

AFRIQUE

1. Quels sont les pays de langue française ?

— Langue officielle : _____

_____

— Langue parlée : _____

_____

APPROCHE DE L'ÉCONOMIE AFRICAINE

	A	F	NOMBRE [1] D'HABITANTS	PRODUIT INTÉRIEUR BRUT par Tête en F		A	F	NOMBRE [1] D'HABITANTS	PRODUIT INTÉRIEUR BRUT par Tête en F
AFRIQUE DU SUD	x		30,4	5 200	MADAGASCAR		o	9,1	840
ALGÉRIE		o	19,9	2 960	MALAWI	x		6,4	550
ANGOLA			7,9	1 240	MALI [2]		x	7,0	310
BÉNIN [1/2]		x	3,6	780	MAROC		o	20,2	1 790
BOTSWANA	x		0,9	600	MAURITANIE [2]		x	1,5	1 140
BURKINA-FASO		x	6,3	330	MOZAMBIQUE			12,9	940
BURUNDI		x	4,3	310	NIGER [1/2]		x	5,8	420
CAMEROUN	x	x	9,2	1 350	NIGÉRIA [2]	x		90,5	1 680
CENTRAFRIQUE		x	2,4	800	OUGANDA	x		13,4	750
CONGO		x	1,6	1 980	RWANDA [1]		x	5,5	330
CÔTE D'IVOIRE [1/2]		x	8,9	2 710	SÉNÉGAL [1/2]		x	6,0	1 460
DJIBOUTI		x	0,3	4 620	SIERRA LÉONE [2]	x		3,1	940
ÉGYPTE	o	o	44,3	1 410	SOMALIE	o		4,5	330
ÉTHIOPIE	x		32,9	400	SOUDAN	o		20,1	1 190
GABON		x	0,6	17 100	SWAZILAND	x		0,6	1 140
GAMBIE [2]	x		0,6	430	TANZANIE	x		19,7	730
GHANA [2]	x		12,1	1 780	TCHAD		x	4,6	420
GUINÉE [2]		x	5,7	350	TOGO [1/2]		x	2,7	570
GUINÉE-BISSAU [2]			0,8	830	TUNISIE		o	6,6	3 260
GUINÉE ÉQUATOR.			0,3	1 100	ZAÏRE		x	30,6	620
KENYA	o		18,1	1 040	ZAMBIE	x		6,0	2 050
LESOTHO	x		1,4	580	ZIMBABWE	x		7,4	2 090
LIBERIA [2]	x		2,0	2 230	TOTAL AFRIQUE			501,9	
LIBYE	o		3,2	22 700					

A Anglais
F Français
x Langue officielle
o Langue parlée

[1/2] Pays appartenant à l'O.C.A.M.
(+ Ile Maurice - Iles Seychelles)
(Organisation de coopération
africaine et malgache)

[1] Population milieu de 1982
en millions

[2] Pays appartenant à l'E.C.O.W.A.S.
(Economic Community of West
Africain States

Source : Atlas de la Banque Mondiale, ONU et Ambassades.

2. Quelle est la population totale de l'ensemble des pays de langue française ?

_____

3. Quel pourcentage par rapport à la population africaine globale représentent les pays de langue française ?

_____

4. Qu'est-ce que l'ECOWAS ?

_____

5. Quels pays appartiennent à cet organisme ?

_____

_____

_____

_____

_____

6. Quels sont les 5 pays les plus peuplés ?

_____

_____

Quels sont les 5 pays les plus riches ?

_____

_____

7. Quelle est la capitale des pays suivants ?

— le Gabon _____

— l'Égypte _____

— le Burkina-Faso _____

— l'Angola _____

— la Côte d'Ivoire _____

— le Togo _____

— le Zaïre _____

— l'Afrique du Sud _____

— le Tchad _____

— le Libéria _____

L'EUROPE
COMMUNAUTÉ ÉCONOMIQUE EUROPÉENNE
ET ZONE DE LIBRE ÉCHANGE

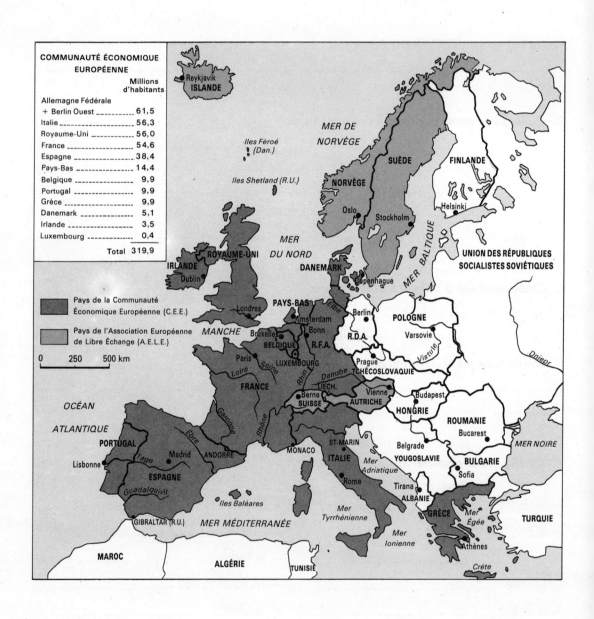

COMMUNAUTÉ ÉCONOMIQUE EUROPÉENNE	Millions d'habitants
Allemagne Fédérale + Berlin Ouest	61,5
Italie	56,3
Royaume-Uni	56,0
France	54,6
Espagne	38,4
Pays-Bas	14,4
Belgique	9,9
Portugal	9,9
Grèce	9,9
Danemark	5,1
Irlande	3,5
Luxembourg	0,4
Total	319,9

Pays de la Communauté Économique Européenne (C.E.E.)

Pays de l'Association Européenne de Libre Échange (A.E.L.E.)

0   250   500 km

1. Que signifie ?

— C.E.E. :

_____

— A.E.L.E. :

_____

2. Quels pays appartiennent à la C.E.E. ?

_____

_____

_____

_____

3. Quels sont les deux pays les plus peuplés de la C.E.E. ?

_____

Quels sont les deux pays les moins peuplés de la C.E.E. ?

_____

4. Quelles sont les capitales des pays suivants ?

— la Finlande _____

— la Turquie _____

— la Hongrie _____

— la Pologne _____

— la Suède _____

— la Bulgarie _____

— l'Italie _____

— la Norvège _____

CHOISISSEZ L'ORDINATEUR Q

TEXAS INSTRUMENTS

Division Systèmes Informatiques
Tél. (1) 39.46.97.12

Texas Instruments.
Mini ou micro: l'informatique maxi-intelligente.

Tous les ordinateurs n'ont pas la flexibilité suffisante pour satisfaire vos besoins croissants comme peut le faire l'Ordinateur Familial ZUT 100. C'est un système complet qui peut se développer avec une gamme étendue de périphériques. Si vous n'en avez pas besoin immédiatemement, vous pouvez réserver votre choix pour plus tard.

1. La console de l'Ordinateur Familial agit comme une unité de commande. C'est aussi dans la console que vous pouvez enficher vos modules d'application Solid-State Software.

2. Grâce à la boîte d'extension périphérique vous développez vraiment les possibilités de l'Ordinateur Familial, par exemple : augmenter la capacité mémoire, utiliser des disquettes pour mémoriser des données, brancher une imprimante...

D'autres périphériques peuvent être aussi connectés par l'intermédiaire de l'interface standard IF 302.

3. Pour les programmes de jeux, les manettes vous permettent d'agir ou de réagir rapidement.

4. L'imprimante vous permet d'obtenir la copie de toutes les informations mémorisées dans l'ordinateur (programmes et données).

RANDIT AVEC VOS BESOINS

MATRA DATASYSTEME ◐

A l'aide du texte ci-contre, complétez les explications suivantes en utilisant les termes appropriés.

— La console, ou unité de commande permet _____

_____

— La boîte d'extension périphérique permet de développer les capacités de l'ordinateur par :

l' _____

l' _____

le _____

— L'interface standard IF 302 permet :

la _____

— Les manettes permettent :

l' _____ ou la _____

— L'imprimante permet :

l' _____

D'après ces définitions, trouvez les mots clés de l'informatique.

1. Les différents éléments physiques qui constituent un ordinateur, tels que la console, les périphériques, et tous les composants faisant partie de chaque appareil.

2. La connexion physique entre deux systèmes ou entre deux appareils faisant partie d'un système.

3. Mémoire morte. Certaines instructions sont stockées en permanence dans la mémoire morte. Elles peuvent être lues, mais non modifiées. Le contenu de la mémoire morte n'est pas effacé quand on éteint l'ordinateur.

4. Système permettant à l'utilisateur de mémoriser des données et des programmes sur des disquettes pour des besoins ultérieurs.

5. Petit disque magnétique souple, sur lequel on peut mémoriser et consulter des données et des programmes, soit en accès direct, soit en accès séquentiel.

6. L'ensemble des programmes qui sont exécutés par l'ordinateur, y compris les programmes incorporés dans l'ordinateur, les programmes contenus dans les modules d'application et les programmes de l'utilisateur.

7. Mémoire vive.

8. Programme logiciel (résidant dans l'Ordinateur Familial ZUT 100 permettant à l'utilisateur de dialoguer avec l'ordinateur par l'intermédiaire du clavier et de l'écran (téléviseur), d'utiliser les différents langages de programmation et logiciels d'application et d'avoir accès à tous les autres périphériques.

9. Langage de programmation utilisé dans la plupart des ordinateurs individuels. Basic est constitué des initiales de « Beginners All purpose Symbolic Instruction Code » (code d'instructions symboliques polyvalentes pour débutants).

10. Ensemble de 8 bits (1 bit prend la valeur 0 ou 1) permettant de représenter (coder) sous une forme compréhensible pour l'ordinateur tout caractère, lettre ou chiffre. La capacité mémoire de l'ordinateur s'exprime en octets. Par exemple, la mémoire d'un ordinateur de 16 k octets dispose environ de 16 000 octets pour la mémorisation de programmes et de données.

11. Modules préprogrammés pouvant être connectés facilement à la console. L'utilisateur accède immédiatement au programme.

12. Tous les appareils qui peuvent être connectés à un ordinateur et permettent d'augmenter ses capacités, tels que extension mémoire, unités de disquettes, imprimante, etc.

a) Basic
b) Disquette
c) Hardware (Matériel)
d) RAM - Random Access Memory
e) ROM - Read Only Memory
f) Interface

g) Modules d'application
   Solid-State Software
h) Octet
i) Périphériques
j) Software (Logiciel)
k) Système de mémoire sur disquettes
l) Système d'exploitation

Solution : a,9 — b,5 — c,1 — d,7 — e,3 — f,2 — g,11 — h,10 — i,12 — j,6 — k,4 — l,8.

64

entraînez-vous

1 ● *Vous prendrez du vin, Monsieur ?*
- *Non, je <u>ne</u> prendrai <u>pas de</u> vin.*

- Avez-vous des cigarettes ?
- Reste-t-il de la viande ?
- Vous avez bu un apéritif ?
- Est-ce qu'il y a un snack à la Foire de Bordeaux ?
- La société Madel a licencié du personnel ?
- Vos agents auront-ils besoin d'une aide financière ?

2 ● *Il manque <u>quelque chose</u> ?*
- *Non, il <u>ne</u> manque <u>rien</u>.*

- *Vous attendez <u>quelqu'un</u> ?*
- *Non, je <u>n'</u>attends <u>personne</u>.*

- *Vous serez <u>encore</u> là dans dix minutes ?*
- *Non, je <u>ne</u> serai <u>plus</u> là.*

- Il y a quelqu'un à cette table ?
- Avez-vous pensé à quelque chose de nouveau ?
- Tu travailles encore chez Martel ?
- Est-ce que vous proposez quelqu'un pour le poste vacant ?
- A-t-il besoin de quelque chose ?
- Vous vendez encore des brosses métalliques ?

3 ● *Vous choisissez le menu touristique, Monsieur ?*
- *Oui, c'est bien <u>ce</u> menu que je choisis !*

- Air-Inter a ouvert la ligne Paris-Mulhouse ?
- La société Lemarque a inauguré sa succursale de Johannesburg ?
- Vous avez licencié l'employé du service comptable ?
- Le directeur travaillait avec les pays arabes ?
- Vous envoyez à vos clients les nouveaux tarifs ?

4 ● *Ce rapport est pour le directeur ?*
- *Oui, il est <u>pour lui</u>.*

- Je dois m'adresser à cette entreprise de construction ?
- Vous vous êtes informé auprès de l'Ambassade pour ce problème ?
- Monsieur, avez-vous pensé aux employés ?
- Cher collègue, dépendez-vous de Monsieur Barrot pour cette décision ?
- Ils ont besoin de toi et de moi ?
- Messieurs, vous mettrez en route la nouvelle chaîne avec les techniciens ?

5 ● *Je dois transmettre ce dossier au directeur ?*
- *Oui, vous <u>le lui</u> transmettrez !*

- Je dois consentir ce prêt à cette société ?
- Je dois envoyer les nouvelles références à nos fournisseurs ?
- Je dois télégraphier cette décision aux directeurs régionaux ?
- Je dois déconseiller ces articles à notre client ?
- Je dois remettre le bilan aux différents services ?

6 ● *Cette année, les résultats progressent !*
- *Par contre, l'an dernier, il n'ont pas <u>progressé</u> !*

- Cette année, l'industrie automobile a de graves problèmes !
- Cette année, les relations sociales se détériorent !
- Cette année, le malaise économique s'amplifie !
- Cette année, on dévalue les monnaies !
- Cette année, les syndicats font pression sur le gouvernement !
- Cette année, la production d'appareils Z 1000 régresse !

7 ● A l'heure actuelle, les secrétaires ne connaissent plus la sténographie !
  - *Vous croyez qu'auparavant elles la <u>connaissaient</u> ?*

- A l'heure actuelle, les hommes politiques n'utilisent plus les médias !
- A l'heure actuelle, les patrons n'acceptent plus les syndicats !
- A l'heure actuelle, on n'indique plus le prix sur les produits !
- A l'heure actuelle, certaines multinationales n'encouragent plus les gouvernements locaux !
- A l'heure actuelle, le monde des affaires n'intéresse plus les consommateurs !
- A l'heure actuelle, les entreprises ne bouclent plus leur budget !

8 ● Vous avez commandé ces articles, et après vous avez téléphoné ?
  - *Non, j'<u>avais</u> déjà <u>téléphoné</u> quand j'<u>ai commandé</u> ces articles.*

- Les stocks ont baissé, et après on a relevé le prix de revient ?
- L'atelier 3 s'est arrêté, et après l'atelier 4 s'est mis en grève ?
- Le pouvoir d'achat a baissé, et après le gouvernement a pris des mesures économiques ?
- Tu as signé ce contrat, et après tu as contacté la banque ?
- Elle a rédigé le courrier, et après elle a répondu à ce client ?
- Messieurs, vous avez examiné les échantillons, et après vous avez changé les couleurs ?

Les interlocuteurs ont oublié les pronoms personnels dans leur conversation, rétablissez-les (le, les, nous, vous, moi) :

— Société DOMINIC à votre service, bonjour !

— Bonjour, Mademoiselle, les Établissements CIMAR à l'appareil. Monsieur Bot. Puis-je parler à Monsieur Adrien ?

— Malheureusement non ; je ne peux pas _____ _____ passer ! Il est en réunion. Puis-je _____ passer sa secrétaire ?

— Bon, d'accord... Passez-_____ _____ .

— ... Bonjour Monsieur Bot, que puis-je faire pour _____ ?

— Voilà ; nous _____ avons commandé le mois dernier 8 machines à écrire. Vous _____ aviez promis de _____ livrer dans les deux mois qui suivaient la commande. Or nous en avons besoin plus tôt que prévu ; pourriez-vous _____ _____ livrer cette semaine, par exemple ?

— Un instant, Monsieur, je vais contrôler votre commande... La voici... : nous ne pourrons pas _____ livrer les machines cette semaine, car nous sommes jeudi et le programme de notre livreur est déjà établi pour demain ; mais nous ferons notre possible pour _____ _____ livrer lundi prochain.

— Très bien ; transmettez mes amitiés à Monsieur Adrien.

— Je n'y manquerai pas. Au revoir, Monsieur.

dialogues

VISITE DE LA FOIRE EUROPÉENNE

Grève des taxis

H. Devin — La réceptionniste — Une cliente de l'hôtel

HD : Bonjour, Mademoiselle. Appelez-moi un taxi, s'il vous plaît ! Je suis très pressé.

R : Tout de suite, Monsieur *(elle compose le numéro de la centrale des taxis)*... Allô, la centrale des taxis ?... Je voudrais... Ah bon, merci *(elle raccroche)*. Je suis désolée, Monsieur, on vient de me rappeler qu'il y a une grève des chauffeurs de taxis aujourd'hui !

HD : Il ne manquait plus que ça ! Ils rouleront demain, j'espère...

R : On ne m'a rien précisé... Mais on en parlera certainement aux informations de la journée... Je vous dirai ce qui aura été décidé.

HD : Comment faire pour aller à la Foire ? Est-ce que je dois louer une voiture ? Est-ce qu'il y a un arrêt de bus à côté ?

R : Oui, mais je ne vous conseille pas de prendre le bus : ils doivent être bondés, et si vous êtes pressé... !

C : Pardonnez-moi... Je vous ai entendu, Monsieur, vous désirez aller à la Foire Européenne, n'est-ce pas ?

HD : Euh.. Oui, Madame...

C : Moi-même je dois m'y rendre : je vous propose de vous y emmener...

HD : Vous êtes vraiment très aimable, Madame. J'accepte volontiers.

(dans la voiture, elle allume la radio)

Radio (voix off)... notre correspondant à Strasbourg. Cette grève a surpris les Strasbourgeois ce matin, au réveil. En effet, elle n'avait pas été annoncée les jours précédents et elle est déclenchée à un très mauvais moment, puisque Strasbourg accueille 3 congrès internationaux, un festival de musique et surtout la Foire Européenne, qui sera inaugurée tout à l'heure. Selon nos informations, cette grève durera au moins deux jours, pendant lesquels des négociations sur le statut des chauffeurs s'établiront. Les vignerons maintenant ; en Languedoc-Roussillon... (clic).

C : Nous voici arrivés !

HD : Merci beaucoup, Madame. Bonne journée et au revoir.

A la Foire Européenne

H. Devin — L'hôtesse d'accueil — Un vendeur

HD : Dites-moi, avez-vous le plan de la Foire ?

H : Bien sûr, Monsieur, le voici. J'ai aussi la liste des exposants : vous la voulez ?

HD : Oui, donnez-la moi. Je veux justement m'informer sur le petit matériel informatique et...

H : Tous les exposants de micro-informatique sont regroupés dans le Hall 4. Vous allez prendre cette allée, puis vous allez sortir de ce bâtiment par la porte Sud. Le Hall 4 sera devant vous. Quand vous aurez pénétré dans ce hall, vous vous renseignerez plus précisément auprès de l'hôtesse du bureau d'accueil.

HD : Merci... *(il s'en va, et arrive dans le Hall 4 : il se renseigne et se dirige vers le stand BURINFOR).*

HD : Une de vos affiches représente le BR 2000 : quelles sont ses caractéristiques ?

V : Que recherchez-vous exactement, Monsieur ?

HD : Je ne suis pas très fixé, je m'informe pour l'instant : le service administratif de mon entreprise ne correspond plus au développement de l'activité et j'ai 8 mois pour résoudre ce problème.

V : Oui, je vois. C'est l'éternel problème du traitement des documents.

HD : Oui, c'est ça et qu'est-ce que vous me proposez ?

V : Le BR 2000 est le plus performant de nos appareils : il permet le stockage des informations, la saisie sous différentes formes, par exemple comptabilité, dossiers clients ; il a une capacité évolutive remarquable... Je peux vous constituer un dossier technique et financier qui vous permettra d'apprécier ses caractéristiques ainsi que nos conditions de vente. Si vous repassez dans 15 minutes environ, je vous ferai une démonstration sur la machine : vous verrez ses capacités.

HD : Volontiers, je prendrai le dossier tout à l'heure.

à vous d'agir

1 **Au téléphone...**
Imaginez, à partir des situations proposées, la conversation téléphonique entre les interlocuteurs.

RÉCLAMATIONS

client A - correspondant B :

A : On vient de vous livrer une machine qui ne fonctionne pas très bien (réglages, malfaçons, montage défectueux...) et vous exigez un dépanneur immédiatement.

B : Un client vous fait part de son problème ; vous ne pouvez malheureusement pas répondre de suite à sa demande, vous devez d'abord en référer au responsable technique.

A : Vous venez de recevoir une facture correspondant à un transport d'objets que vous n'avez pas effectué (erreur de destinataire...) ; vous ne voulez pas la régler.

B : Vous travaillez dans une entreprise de transports, un client vous indique qu'une facture lui est parvenue par erreur ; vous ne pouvez malheureusement lui proposer que la démarche suivante : il paie cette facture et il aura un « avoir » sur d'autres transports à effectuer.

CONTRETEMPS

interlocuteur A - interlocuteur B :

A : Vous informez les participants à une réunion (participants extérieurs à votre entreprise) que cette dernière est reportée ; vous demandez qu'on vous propose deux nouvelles dates.

B : On vous informe qu'une réunion est reportée ; on vous demande de proposer deux nouvelles dates.

INFORMATION

interlocuteur A - interlocuteur B :

A : Vous informez une de vos agences d'une décision du Conseil d'Administration, qui doit avoir un effet immédiat.

B : On vous informe d'une décision qui doit avoir un effet immédiat ; malheureusement la personne susceptible de mettre en place cette décision est absente pour plusieurs jours ; vous analysez avec votre interlocuteur les autres solutions possibles.

2 *Vous rédigez une convocation.*

Vous convoquez les actionnaires de votre entreprise à l'assemblée générale annuelle ; sachant qu'ils arriveront en voiture, rédigez la lettre de convocation :

— informations pratiques
— plan
— ordre du jour...

La réunion se tiendra à l'hôtel NOVOTEL, place des Halles (et non pas, pour des raisons de place, dans un local de votre entreprise).

3 *Vous rédigez un carton d'invitation.*

Vous invitez les employés de votre entreprise à un pique-nique à la campagne : vous préparez un carton d'invitation et un programme.

4 *Persuadez-les.*

Vous êtes vendeur dans un magasin de Hi-Fi, un couple de clients arrive...

LE VENDEUR	LES CLIENTS
Vous essayez de vendre un magnétophone de professionnel (4 pistes) car il est en promotion (en effet, l'an prochain, ce modèle n'existera plus).	Vous souhaitez changer votre magnétophone. Utilisations principales : enregistrement d'émissions musicales pour le plaisir, et interviews pour votre profession.
prix réel : 4 200 F prix en promotion : 3 100 F votre commission sur les ventes est de 6 %.	budget : entre 2 000 et 3 000 F

5 *Vous prenez connaissance de ces discours.*

Discours de Monsieur le Maire

« Mesdames et Messieurs, la XXe Foire Européenne va s'ouvrir d'ici quelques heures au public français et étranger.

Si l'inquiétude est la compagne quotidienne de bon nombre d'industriels, et ce, depuis plusieurs années, l'espoir doit malgré tout les contraindre à observer ce qui est l'élément moteur d'industries à l'heure actuelle très compétitives et florissantes, je veux parler de la qualité.

Je crois qu'il n'est pas nécessaire d'évoquer les difficultés que rencontrent les producteurs et les professionnels dans un environnement que ne facilitent ni l'évolution rapide des technologies, ni la plus grande diversité des besoins des consommateurs.

Notre ville, notre région subissent, comme partout en France, les conséquences de la crise économique internationale. Combien d'entreprises ont dû réduire leurs effectifs ? Combien de salariés se sont retrouvés sans travail ?

C'est de cette situation, dramatique pour certains, insupportable pour d'autres, intolérable pour tous, que naît l'imagination et le besoin de survivre.

Survivre, c'est créer de nouveaux produits pour des marchés en développement ; c'est perfectionner l'outil de production pour en réduire les coûts ; c'est organiser le travail pour en accroître l'efficacité ; c'est, en un mot, rechercher la qualité.

Ne soyons pas moroses, faisons confiance à toute cette énergie qui se déploie dans les ateliers, et qui se constate ici à tous les stands. Que cette XXe Foire Européenne soit l'expression de ce souhait : la qualité avant tout ».

Discours du représentant du Ministre de l'Industrie

« Je remercie Monsieur le Maire d'avoir donné à cette manifestation un élan de courage, de combativité. Qu'il me soit permis, au travers des mots, de relever le défi de la qualité, même si l'économie française souffre depuis quelques années d'une crise grave qui s'est traduite en particulier par une montée intolérable de l'inflation et du chômage.

L'industrie française se trouve confrontée à une concurrence internationale renforcée par le mouvement d'adaptation à la demande internationale amorcé très tôt dans un certain nombre de pays industrialisés, comme le Japon, les États-Unis et l'Allemagne.

Si notre industrie est parvenue à atteindre un niveau de compétitivité mondial sur un certain nombre de créneaux, comme l'automobile, les industries aéronautiques et spatiales, l'électronique professionnelle, le nucléaire, l'off-shore et l'agroalimentaire, par contre, d'autres secteurs enregistrent des résultats qui sont loin d'être à la hauteur de leur capacité.

Pourquoi, par exemple, avec la plus belle forêt continentale, notre industrie du bois, papier-carton et ameublement constitue-t-elle un de nos plus gros déficits ?

Face à ce constat d'une économie affrontant d'importantes difficultés, l'industrie a un rôle majeur à jouer. Même si l'industrie ne représente environ que le tiers de notre emploi, l'amélioration de sa productivité, de sa compétitivité, de sa capacité innovatrice auront des effets qui s'étendront à l'ensemble de notre économie, notamment parce que ce sont ses performances, tant sur le marché intérieur qu'à l'exportation, qui permettent de réduire nos importations et de payer la facture de nos importations obligées.

Vous savez également qu'une véritable lutte contre le chômage passe par la création d'emplois productifs. Il convient de considérer, dans ces conditions, que l'industrie française est faite des 400 000 entreprises qui la composent, et qu'il n'y a pas de secteur condamné. Même au sein des branches les plus affectées par la crise, on trouve des entreprises dynamiques, compétitives, qui doivent être confortées dans leur action, et j'espère que l'on en trouvera de plus en plus au cours des prochains mois.

Le ministère de l'industrie considère donc nécessaire de mener une politique industrielle volontariste permettant de résoudre les problèmes structurels de l'industrie en fonction des contraintes du présent, des objectifs à moyen et à long terme. Il s'agit tout à la fois d'accompagner les efforts des secteurs dans lesquels la France est déjà assurée d'une réputation mondiale, tout en conduisant avec la même énergie la nécessaire modernisation des secteurs traditionnels. La France a une vocation industrielle générale. Elle doit donc s'efforcer de reconquérir son propre marché. Cela est aussi vital pour l'habillement que pour les biens d'équipement, tant il est clair qu'un fort marché national est un atout incomparable pour l'exportation.

Je souhaiterais, pour finir, que cette Foire Européenne démontre bien au public que la France est tout de même un pays plein d'idées et de dynamisme. »

Vous en faites un compte rendu.
En tant que rédacteur en chef de la revue de votre entreprise, vous rendez compte des discours d'ouverture de la foire de Strasbourg.

à vous d'écrire

11 septembre

Réflexions sur une candidature

QUAND/QUANT/QU'EN

— Suggérer au directeur d'accepter la candidature de Prunon,   à Martin, lui faire répondre négativement.

— Se renseigner sur son expérience professionnelle   je le pourrai.

—   il nous contactera, lui demander de prendre rendez-vous avec le chef du personnel, lui faire comprendre qu'il n'aura des chances   réduisant ses prétentions.

—   à sa fonction, ne pas trop la préciser.

— Lui faire savoir que nous ne déciderons   avril.

PRÉPOSITION *(sur, dans, pour, avec)* +

LEQUEL

LESQUELS

— Une fois la décision prise,

- lui présenter les collègues   il travaillera.
- lui montrer le bureau   il travaillera.
- lui présenter les chefs de service   il travaillera.
- lui faire visiter les bureaux   les terminaux sont installés.
- le familiariser avec le micro-ordinateur   il programmera la gestion du service.

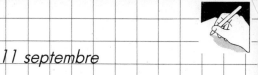

11 septembre

EN/AU

—   Turquie,   Canada,   Espagne,   Luxembourg, on peut trouver une agence Air France.

— La Société suisse ORVEX exporte   Afrique du Sud, Mexique,   Thaïlande et, depuis peu,   Arabie Saoudite.

— Les matières premières de la société MERCKEL B. H. sont principalement exportées   Nicaragua,   Argentine et   Colombie.

— La firme anglaise STOUGHTON vient de s'implanter États-Unis,   Canada ; elle a une filiale   Côte d'Ivoire et elle étudie de nouveaux marchés   Iran, Danemark.

OÙ, QUE, QUI, DONT, QUOI

— Les personnalités   ont été invitées ne se sont pas toutes déplacées.

— Les firmes   le stand est dans le Hall 8 ont reçu beaucoup de monde.

— Les équipements   exposent les sociétés allemandes attirent les visiteurs.

— Le hall   il y a eu beaucoup de monde est le Hall 23.

— Ce à   s'attendaient les organisateurs, c'était à un nombre moins important de professionnels, et ce   ils craignaient le plus, c'était une désaffection du public.

— La réputation   jouissent les Français dans la filière électronique est réelle.

ACCORD DES ADJECTIFS COMPOSÉS

— Ce sont les robots *(franco-britannique)*

— L'emploi de grilles métalliques *(extra-fin)* dans les machines-outils finlandaises.

— Les placages *(bleu-marine)* et *(jaune-orangé)* du mobilier de cuisine français.

— Les machines agricoles *(russo-japonais)*

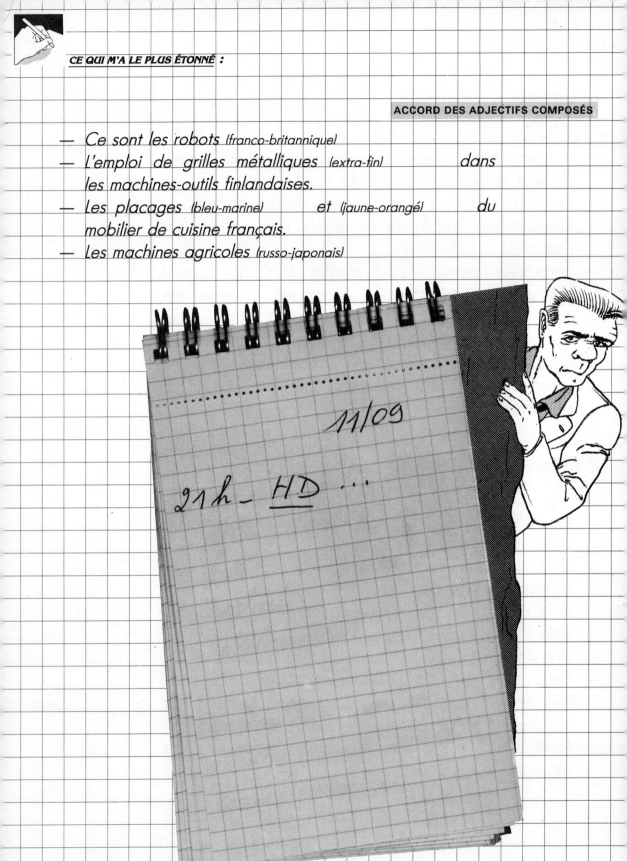

à vous de parler

1 **Vous êtes Henri Devin.**
Votre secrétaire vous téléphone ; complétez le dialogue.

s : Bonsoir, Monsieur. Excusez-moi de vous déranger, mais c'est urgent !

HD : _____

s : Pouvez-vous me dire quel jour vous comptez rentrer ?

HD : _____

s : Eh bien, voilà : Messieurs Lafontaine et Stentor du siège font une tournée en Europe ; ils aimeraient vous voir.

HD : _____

s : Du 4 au 9 septembre.

HD : _____

s : Alors ils pourraient vous rencontrer le 9 ?

HD : _____

s : Y-a-t-il des consignes particulières pour leur accueil ?

HD : _____

s : Très bien, Monsieur... Je réserve une table au « Grand Pavois » pour déjeuner ?

HD : _____

s : Monsieur Plantin ? Je lui ferai demander par sa secrétaire de se libérer... Au revoir, Monsieur, et à bientôt !

2 **Imaginez... Qui sont ces gens ? Que font-ils ? Où sont-ils ? Que se disent-ils ?...**

Imaginez la conversation téléphonique entre ces deux personnes.

— Qui est-ce ?
— A qui parle-t-il ?
— De quoi parle-t-il ?
— ...

— Qui est-ce ?
— A qui parle-t-il ?
— De quoi parle-t-il ?
— ...

4 *Vous êtes l'un de ces deux interlocuteurs ; vous appelez l'autre personne ; remplissez la « fiche signalétique » ci-dessous.*

FICHE SIGNALÉTIQUE

Nom :   Nom :

Prénom :   Prénom :

Age :   Age :

Nationalité :   Nationalité :

Entreprise :   Entreprise :

Adresse :   Adresse :

Fonction :   Fonction :

Qualités :   Qualités :

Défauts :   Défauts :

Objet de la rencontre ou de l'appel téléphonique :

_____

_____

_____

_____

_____

Conversation :

_____

_____

_____

_____

_____

_____

informez-vous

1 **Vous voulez exposer à « INTER-EXPO » qui se tient du 25 au 30 janvier au Petit Palais à Bordeaux.**

Vous êtes l'un de ces exposants : présentez-vous sur une affiche publicitaire

HAAS
7050 WAIBLNGEN (RFA)
— tronçonneuses
— dispositifs adaptables

GARNIER
3, rue Beausoleil
63000 CLERMONT-FERRAND
— motobineuses
— motoculteurs
— fondeuses
— tracteurs

NOIRET Tissu mural
Deerlijhreweg
B — 8790 WAREGEM
— tissu mural
— décoration

GAUTHIER Frères S.A.
39800 POLIGNY
— fromages (Comté, Morbier)

NOVOTECAL
7, rue du Rempart
67230 BENFELD
— chaudières (électriques, à bois)
— pompes à chaleur
— cheminées et poêles

Jean ARMEL
Éleveur et négociant
21420 SAVIGNY-LES-BEAUNE
— grands crus de Bourgogne, du Mâconnais
— Côtes-du-Rhône, de Provence

FRANCE AMEUBLEMENT
12, rue de Charonne
75011 PARIS
— meubles rustiques
— meubles de style
— luminaires

JOHAN HANSA
Holmen. 5
DK — 4800 NYKØBING Fl.
— bureaux paysagés
— cloisons métalliques
— esthétique industrielle

Société MATINFOR
315, boulevard des Hortensias
33000 BORDEAUX
— matériel de traitement de textes
— micro-ordinateurs
— ordinateurs, interfaces

Vous faites une demande d'emplacement à l'aide du document ci-joint.

INTER EXPO
PETIT PALAIS
BORDEAUX 1988
DU 25
AU 30 JANVIER

Demande d'Admission
A retourner à « INTER EXPO »
Tél. 56 50 14 37 Télex : 620 990

Semaine internationale

VOTRE ORGANISME

Nom ou raison sociale _____
Adresse du siège social _____
Code postal _____ Ville _____ Pays _____
Personne à joindre _____ Téléphone _____
Qualité de la personne _____
N° du Registre de Commerce _____
Domiciliation bancaire _____
Syndicat ou Organisation Professionnelle dont fait partie l'exposant _____

Nom et adresse du représentant en France éventuellement _____

Adresse de facturation _____

VOTRE ACTIVITÉ

Attention ! Ne cocher qu'une case !

☐ REPRÉSENTATION ÉTRANGÈRE
☐ LOISIRS
☐ MEUBLES–BOIS
☐ ALIMENTATION
☐ HABITAT

☐ ÉLECTRO-MÉNAGER
☐ BUREAUTIQUE-INFORMATIQUE-TÉLÉMATIQUE
☐ ÉQUIPEMENT AGRICOLE
☐ ROBOTIQUE INDUSTRIELLE
☐ MOBILIER DE BUREAU

CADRE RÉSERVÉ A L'ADMINISTRATION

DRT INSCRIP   ACPTE REÇU   DATE DU RÈGLEMENT
   O   N
OUI ou NON

CODE TARIF EMPLACT	LONGUEUR m	LARGEUR m	SURFACE m²	SERVITUDES m	B m	SURF. NETTE
_____	___,__ x	___,__ -	___,__ -	___,__ -	___,__	___ -
	___,__ x	___,__ -	___,__ -	___,__ -	___,__	___ -

CODE TARIF ANGLES	F	G

CODE TARIF PRESTAT.	QUANTITÉ	PRIX SI DIFFÉRENT DU TARIF	TVA	CODE TARIF	QUANTITÉ	PRIX SI DIFFÉRENT DU TARIF	TVA
_____	___,__ x	___,__	__	_____	___,__ x	___,__	__
_____	___,__ x	___,__	__	_____	___,__ x	___,__	__

	BT	ALLÉE	STAND	NIVEAU
SITUATION GÉOGRAPHIQUE	_____	_____	_____	_____

83

RUBRIQUES ACTIVITÉS

Marquez d'une croix les rubriques où vous désirez figurer

ÉNUMÉRATION DES MATÉRIELS, PRODUITS, PRODUCTIONS, DOCUMENTS, SERVICES...

1 REPRÉSENTATIONS OFFICIELLES ÉTRANGÈRES
- ☐ Ministères
- ☐ Services commerciaux des Ambassades
- ☐ Autres

2 ☐ INSTITUTIONS INTERNATIONALES

3 LOISIRS
- ☐ Mobilier de jardin
- ☐ Outillage de jardin
- ☐ Jeux de plein air
- ☐ Horticulture
- ☐ Décoration

4 MEUBLES - BOIS
- ☐ Mobilier
- ☐ Menuiserie
- ☐ Charpentes - planchers
- ☐ Objets de décoration
- ☐ Fenêtres - portes
- ☐ Placages muraux
- ☐ Autres

5 ALIMENTATION
- ☐ Production
- ☐ Conditionnement
- ☐ Distribution

6 HABITAT
- ☐ Revêtements extérieurs
- ☐ Tapisseries
- ☐ Toitures
- ☐ Volets et fermetures
- ☐ Sanitaire
- ☐ Vitrage
- ☐ Autres

7 ÉLECTRO MÉNAGER
- ☐ Petit électroménager
- ☐ Cuisinières, lave-linge, hottes, lave-vaisselle
- ☐ Hi-Fi
- ☐ Télévision - Radio
- ☐ Magnétophones
- ☐ Magnétoscopes vidéo

8 TRAITEMENT DE L'INFORMATION
- ☐ Bureautique
- ☐ Informatique
- ☐ Télématique
- ☐ Systèmes connectés

9 ÉQUIPEMENT AGRICOLE
- ☐ Petit matériel
- ☐ Matériel d'élevage
- ☐ Matériel de culture
- ☐ Outils de maintenance
- ☐ Construction de locaux, hangars...
- ☐ Autres

10 ROBOTIQUE INDUSTRIELLE

11 MOBILIER DE BUREAU
- ☐ Mobilier de bureau
- ☐ Machines à photocopier, à tirer

12 ☐ AUTRES
A préciser : _____
_____
_____
_____
_____
_____

INTER EXPO

VOTRE EMPLACEMENT

Le soussigné s'engage à occuper, sous réserve d'admission par les organisateurs d'Inter Expo, l'emplacement défini aux conditions ci-dessous.

FRAIS D'OUVERTURE DE DOSSIER

| | 100 F H.T. |

ASSURANCES (franchise 1 000 F)

Minimum obligatoire 30 000 F de garantie au taux de 5,5 %, soit une prise de 165 F H.T.

| | 165 F H.T. |

DROIT D'INSCRIPTION

(pour exposant nouveau uniquement 350 F)

| | F H.T. |

STAND NON ÉQUIPÉ   le m² 830 F H.T. x   m²

(tout multiple de 3 m² avec un minimum de 6 m²)

| | F H.T. |

STAND ÉQUIPÉ   le m^2 1045 F H.T. x   m^2

(tout multiple de 3 m^2 avec un minimum de 6 m^2

                   F H.T.

SUPPLÉMENT POUR ANGLES

☐ 1 angle 2 faç. : 500 F HT ☐ 2 angles 3 faç. : 1000 F HT ☐ îlot 4 faç. : 2000 F HT

                   F H.T.

DROIT POUR INSCRIPTION SUPPLÉMENTAIRE AU CATALOGUE (max. 1 firme p. 3 m^2 loués)

(pour tte firme représentée sur v/stand et à inscrire au cat. 70 F HT x firmes

                   F H.T.

TOTAL HORS TAXES

                   F H.T.

T.V.A. (18,60 %)

                   F

TOTAL T.T.C.

                   T.T.C.

VOTRE ACOMPTE OBLIGATOIRE   A joindre obligatoirement à la présente demande

A VERSER   250 F H.T. x   m^2 demandés

                   F H.T.

T.V.A. (18,60 %)

ACOMPTE T.T.C.

A verser par chèque ou virement à l'odre d'INTER EXPO

                   F T.T.C.

SIGNATURE DE LA DEMANDE

Je déclare avoir pris connaissance du règlement d'INTER EXPO qui est attaché à cette demande d'admission, et en accepter toutes les clauses sans réserve ni restriction.

Je demande mon admission comme exposant à INTER EXPO 1988.

Je verse à titre d'acompte tenant lieu de dédit la somme indiquée ci-dessus et m'engage à régler le solde à la date d'échéance indiquée sur la facture qui me sera envoyée.

A _____ le _____ 1987   Cachet

         Signature

Vous remplissez le chèque :

SOCIÉTÉ GÉNÉRALE

S^{ie} GHK

B.P.F _____

Payez contre ce chèque non endossable _____

Sauf au profit d'une banque ou d'un organisme visé par la loi

_____

A _____
Payable _____

Le _____ 19 ___

Numéro de compte

Tél. : _____
Compensable

N° de chèque   Code guichet

⑈6031150 ⑈3771000032714 3771509549904

---

2   *Vous prenez connaissance de cet article paru dans « Les Échos ».*

Industrie

Philips prend le contrôle de Bauknecht

La société Philips-Allemagne a pris le contrôle de la société Bauknecht-Hausgeräetegeschäfte.

La signature de l'accord entre les deux sociétés constitue le dernier acte du plan d'assainissement du groupe Bauknecht, qui vient d'être mis en règlement judiciaire.

Le plan, mis au point par Philips pour sauver Bauknecht (électro-ménager), a divisé le secteur « produits blancs » (appareils ménagers) de ce dernier en deux nouvelles sociétés, Bauknecht Hausgeräete GmbH, destinée au marché allemand, et Bauknecht Holding BV, pour l'étranger (en particulier pour la Suisse, les Pays-Bas, la Belgique et l'Espagne). Le chiffre d'affaires global sera de l'ordre de 900 millions de florins pour 4 000 personnes.

Philips, qui avait déjà signé une association à participation en Allemagne avec Bauknecht, a saisi ainsi l'occasion de renforcer ses activités en RFA.

Bauknecht avait annoncé en mai qu'il était au bord de la faillite. Son chiffre d'affaires avait reculé l'an dernier de 4 % à 1,6 milliard de deutsche Mark (640 millions de dollars). Les autres activités de Bauknecht, société familiale qui employait environ 12 600 salariés fin 1981, concernaient les moteurs électriques, les cuisines intégrées, les pompes à chaleur et les radiateurs électriques.

Les Échos n° 13745

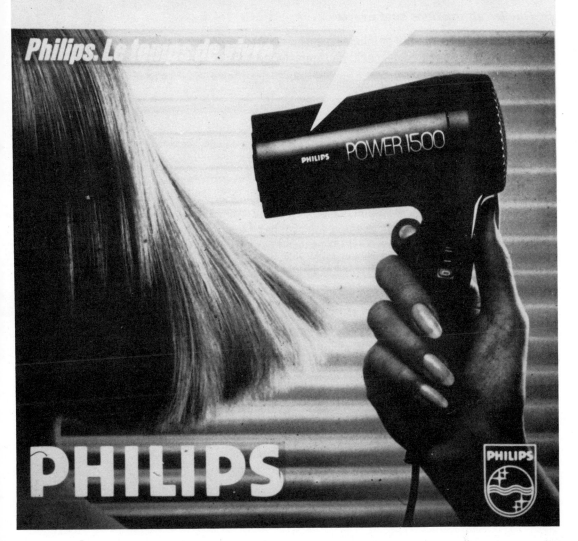

3 Qu'avez-vous compris ?

1. Quelles sont les deux sociétés dont on parle dans cet article ?

2. Que produisent ces sociétés ?

3. Relevez les chiffres mentionnés par paragraphe.

4. Le chiffre d'affaires du § 3 concernera

    — toutes les activités de Bauknecht   ☐
    — les activités du département électro-ménager   ☐

Le chiffre d'affaires du § 5 concernait

    — toutes les activités de Bauknecht   ☐
    — les activités du département électro-ménager   ☐

5. Quelles affirmations sont exactes ?

§ 1   — Philips s'est installé en Allemagne   ☐
    — Philips a racheté Bauknecht-Hausgeräetegeschäfte   ☐

§ 2   — Un accord entre les deux sociétés va être signé   ☐
    — Un accord entre les deux sociétés est signé   ☐
    — Bauknecht a fait faillite   ☐
    — Bauknecht est en expansion   ☐
    — C'est le début des négociations entre Bauknecht et Philips   ☐
    — Les négociations sont terminées   ☐

§ 3   — Le plan prévoit une restructuration de l'ensemble de Bauknecht   ☐
    — Le plan prévoit une restructuration du secteur « produits blancs »   ☐
    — Les nouvelles sociétés traiteront les marchés

italien ☐	finlandais ☐	suisse ☐
espagnol ☐	hollandais ☐	américain ☐
danois ☐	japonais ☐	français ☐
suédois ☐	allemand ☐	belge ☐

§ 4   — Philips n'avait pas de participation dans la société Bauknecht   ☐
    — Philips et Bauknecht sont associés   ☐

§ 5   — La baisse d'activité de Bauknecht l'année précédente
        a été faible ☐   a été importante   ☐
    — Le secteur « appareils ménagers » emploie
        environ la moitié des salariés de Bauknecht   ☐
    — Les autres secteurs de la Sté Bauknecht emploient
        environ les 3/4 des salariés   ☐

4 | *Mettez les verbes entre parenthèses au temps et mode appropriés.*

Bauknecht, qui (employer) _____ 12 600 personnes, (passer) _____ sous le contrôle de Philips depuis peu. La société allemande (être) _____ au bord de la faillite l'an dernier : elle en (informer) _____ la presse, avant de prendre les premiers contacts avec Philips. Le plan, proposé par Philips, (prévoir) _____ la division en deux sociétés du secteur électro-ménager de Bauknecht ; l'accord qui (être signé) _____ ces jours-ci (mettre) _____ un point final aux négociations qui (se dérouler) _____ tout au long de cette année.

5 Complétez.

Philips prend le contrôle de Bauknecht

La société Philips-Allemagne _____ le contrôle de la société Bauknecht-Hausgerä-etegeschäfte.

La signature de l'accord entre les deux sociétés _____ le dernier acte du plan d'assainissement du groupe Bauknecht, qui _____ d'être mis en règlement judiciaire.

Le plan, mis au point par Philips pour sauver Bauknecht (électro-ménager), _____ le secteur « produits blancs » (appareils ménagers) de ce dernier en deux nouvelles sociétés, Bauknecht Hausgeräete GmbH, destinée au marché allemand, et Bauknecht Holding BV, pour l'étranger (en particulier pour la Suisse, les Pays-Bas, la Belgique et l'Espagne). Le chiffre d'affaires global _____ de l'ordre de 900 millions de florins pour 4 000 personnes.

Philips, qui _____ déjà _____ une association à participation en Allemagne avec Bauknecht, _____ ainsi l'occasion de renforcer ses activités en RFA.

Bauknecht _____ en mai qu'il _____ au bord de la faillite. Son chiffre d'affaires _____ l'an dernier de 4 % à 1,6 milliard de deutsche Mark (640 millions de dollars). Les autres activités de Bauknecht, société familiale qui _____ environ 12 600 salariés fin 1981, _____ les moteurs électriques, les cuisines intégrées, les pompes à chaleur et les radiateurs électriques.

6 Complétez les phrases suivantes.

a) Le _____ Bauknecht emploie 12600 salariés.

b) Le _____ électro-ménager sera divisé en 2 nouvelles _____

c) Le _____ de la société a baissé l'an dernier.

d) Les deux nouvelles sociétés couvriront le _____ européen.

e) Les deux nouvelles sociétés ont établi un plan _____

f) Les deux sociétés ont signé un _____

g) Bauknecht vient de _____ de Philips.

h) La mise en _____ judiciaire de Bauknecht est preuve de sa _____

90

entraînez-vous

1 ● *Jean, vous avez parlé de cette affaire au Directeur ?*
   - *Non, je lui en parlerai plus tard.*

   - Tu as pris ton billet pour Genève ?
   - Elle a téléphoné à nos clients ?
   - Elle a envoyé le télégramme à Hong Kong ?
   - Vous avez vu le comptable ?
   - Nos fournisseurs se sont mis d'accord sur les nouvelles hausses ?
   - Vous avez été informés de la décision du bureau, Messieurs ?
   - Elle a donné des renseignements à ce client ?

2 ● *Quand est-ce que vous nous livrerez ces machines ?*
   - *Nous allons vous les livrer dans peu de temps.*

   - Quand est-ce qu'on rénovera les bureaux ?
   - Quand est-ce que nous connaîtrons le nom du nouveau président ?
   - Quand est-ce que tu confieras ce travail au nouvel ingénieur ?
   - Quand est-ce que l'agence de Bordeaux recevra les résultats ?
   - Quand est-ce que le service commercial nous communiquera son rapport ?
   - Quand est-ce que les Soviétiques utiliseront ce nouveau procédé ?

3 ● *Marie-Claude enverra les invitations et ensuite elle téléphonera, n'est-ce pas ?*
   - *En effet, Marie-Claude téléphonera quand elle aura envoyé les invitations.*

   - Le comité se réunira et ensuite il prendra une décision, n'est-ce pas ?
   - Philippe, vous réglerez cette affaire, et ensuite vous partirez au Mexique, n'est-ce pas ?

   - La Société Burin paiera ses employés et ensuite elle déposera son bilan, n'est-ce pas ?
   - Vous étudierez mes propositions, Messieurs, et ensuite vous concevrez un projet, n'est-ce pas ?
   - Elle ira à Munich et ensuite elle nous informera sur la situation, n'est-ce pas ?
   - Les syndicats se consulteront et ensuite ils manifesteront leur désaccord, n'est-ce pas ?

4 ● *Je finis d'abord de dicter le courrier, je vous rejoindrai ensuite !*
   - *Donc, vous nous rejoindrez dès que vous aurez fini de dicter le courrier.*

   - Je revois d'abord le sujet, je vous contacterai ensuite !
   - Je reçois d'abord le représentant de la Société LAC, je vous appellerai ensuite, Madame.
   - Je consulte d'abord mon conseiller juridique, je vous donnerai ma réponse ensuite.
   - Je vais d'abord chez KASPER, je passerai chez vous ensuite.
   - Je prends d'abord l'avis de ma banque, je m'adresserai à vous ensuite, Messieurs.
   - Je soumets d'abord mon projet au bureau, je vous téléphonerai ensuite.

5 ● *Le gouvernement a réduit la T.V.A. ; les commerçants ont tout de suite après changé leurs prix ?*
   - *Oui, dès que le gouvernement a réduit la T.V.A. !*

   Le gouvernement annoncera les nouvelles mesures en septembre : il rencontrera tout de suite après les syndicats ?
   - *Oui, dès qu'il aura annoncé les nouvelles mesures.*

   - La Société ROSSERI a fabriqué un prototype : le public a tout de suite après été intéressé ?

- La secrétaire tapera ces lettres, elle vous apportera le budget tout de suite après ?
- Le télex a remplacé le téléphone ; les communications se sont tout de suite multipliées ?
- Les Japonais réduiront leurs exportations européennes ; ils rechercheront tout de suite après des marchés africains ?
- Il a abandonné la direction générale ; il a tout de suite après pris sa retraite ?
- On exploitera de nouvelles sources d'énergie ; on limitera tout de suite après les importations de pétrole ?

6 ● *C'est la secrétaire qui préparera cette lettre ?*
   - *Non, ce n'est pas __elle__ qui __la__ préparera.*

- C'est toi qui as passé cette commande ?
- C'est ce banquier qui a appuyé cette manœuvre financière ?
- C'est le directeur qui imposera les horaires ?
- C'est vous, Messieurs, qui partirez en septembre ?
- C'est le comptable qui résoudra ce problème ?
- Ce sont les chefs de service qui signeront les contrats ?

7 ● *Vous avez le dossier Malo, Monsieur ?*
   - *Non, je ne __l'__ai pas.*

- Messieurs, vous connaissez les raisons de ma décision ?
- Michel, vous renvoyez les pièces défectueuses ?
- Il évalue correctement ses bénéfices ?
- Les services fiscaux exigeront le compte exact de nos recettes ?

- Messieurs, vous acceptez le principe de l'horaire variable ?
- Nous fournirons les références de nos articles à nos clients ?

8 ● *Mademoiselle, est-ce que vous nous communiquerez le programme de la journée ?*
   - *Oui, je __vous__ __le__ communiquerai.*

   Le responsable technique empruntera les machines à la Société ARELEX ?
   - *Oui, il __les__ __lui__ empruntera.*

- Messieurs, est-ce que vous transmettrez cette réponse à nos collègues américaines ?
- Est-ce que la Société RUBIC explique sa politique commerciale à ses filiales ?
- Est-ce que tu télégraphieras cette réponse aux agents départementaux ?
- Pierre, est-ce que vous nous remettrez votre rapport ?
- Est-ce que Patricia communiquera les résultats aux employés ?
- Est-ce que la Mairie octroiera la subvention de 45 000 F aux associations ?

9 ● *Jean, vous avez rendu la note sur la fiscalité au comptable ?*
   - *Non, je __ne__ __la__ __lui__ ai __pas__ rendue .*

- Messieurs, vous avez transmis vos résultats au directeur ?
- Ils ont retourné les fiches à la secrétaire ?
- Elle vous a envoyé la commande ?
- Le chef de fabrication a demandé les références au Service Achat ?
- Le gouvernement a précisé sa position aux élus locaux ?
- Le secrétaire général a communiqué ses doutes aux adhérents ?

dialogues

SOUVENIRS ET PROJETS

H. Devin retrouve un « vieux copain »

François Mangin

HD : Tiens, mais c'est François ! Qu'est-ce que tu fais là ? Cela fait au moins 10 ans que je ne t'ai pas vu !

F. MANGIN : Henri ! Eh bien, je ne m'attendais vraiment pas à te voir devant mon stand !

HD : SPIR ? c'est le nom de ta société ?

FM : Oui, Société de Produits Isolants et de Revêtements.

HD : Qu'est-ce que tu as fait depuis 10 ans ?

FM : Eh bien, après mon diplôme d'ingénieur d'affaires, j'avais la possibilité de partir au Nigéria pour une firme suisse : si ma mère n'avait pas été malade, j'y serais allé. Bref, j'ai accepté un poste à Genève, qui m'avait été proposé par l'un de nos professeurs, celui de « management ».

HD : Ah oui, le petit barbu...

FM : Je me suis occupé pendant 5 ans des ventes sur l'Europe, puis, un de mes clients, de Lyon, m'a parlé d'un poste de directeur commercial qui allait se libérer dans son entreprise, SPIR. Et voilà, je suis à Lyon depuis quelques années.

HD : SPIR n'est pas une « boîte » très connue ?

FM : Détrompe-toi. C'est une firme jeune, d'accord... mais en quelques années elle a pris une part importante du marché, surtout en Asie et en Afrique : on fabrique des matières isolantes qui supportent des variations de températures énormes..., et qui peuvent être appliquées sur n'importe quel support.

HD : Ah bon... Si tu as des brochures techniques, je t'en prends une... Tes revêtements m'intéressent particulièrement...

A propos de projets

FM : Tu ne travailles pas chez des concurrents au moins... ?

HD : Non, je suis responsable des exportations dans une entreprise de Bruxelles, qui fait du transfert de technologie. Nous avons des difficultés techniques actuellement : nos revêtements se fissurent, se craquellent trop vite et je recherche une sorte d'enduit isolant qui les protégerait. Si ta société pouvait répondre à ce problème, ce serait parfait, car nous perdons de l'argent depuis 8 mois !

FM : Je vais te mettre dans les mains d'un de nos spécialistes, Mac Allen, il t'expliquera tout cela... Tu jugeras toi-même...

HD : Au fait, tu te souviens de Pietilä ?

FM : Euh... oui, est-ce qu'il n'avait pas été accepté en surnombre par le directeur de l'école... ? Il était trop âgé, mais très brillant ?

HD : Oui, c'est bien lui... Eh bien, il est à Strasbourg en train de monter une affaire de transport de marchandises sur l'Europe. Il aurait pu s'installer à Francfort, ou à Genève, mais sa femme est française...

FM : ... et Strasbourg est bien situé géographiquement et commercialement...

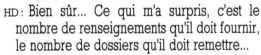

HD : Bien sûr... Ce qui m'a surpris, c'est le nombre de renseignements qu'il doit fournir, le nombre de dossiers qu'il doit remettre...

FM : ... parce qu'il est étranger...

HD : Non, parce que les banquiers sont méfiants et exigent de plus en plus de garanties. Enfin, si tout va bien, il ouvrira sa société dans trois mois.

FM : Tu me donneras ses coordonnées. SPIR pourrait faire appel à lui pour quelques clients européens... Excuse-moi, je dois te quitter. D'ailleurs, voilà Mac Allen, je vais te le présenter.

1 — Qui êtes-vous ? Quelles sont vos connaissances ? Quelles sont vos compétences ?

Rédigez votre curriculum vitae en vous inspirant des « 10 commandements » suivants :

I — Tu obtiendras le maximum d'entretiens.

Cela peut paraître, à certains, une évidence criante d'inscrire ce premier commandement. J'ai pourtant souvent constaté que cette notion ne semble pas admise comme une priorité par le candidat à un emploi. Tous les autres commandements vont en dépendre. Comme indication, il faut se dire qu'un bon C.V. doit assurer un rendement minimum de 25 % en réponses aux annonces et de 5 % en envois spontanés envoyés à titre de recherche systématique d'un emploi. Pour réussir il faut entamer une véritable campagne commerciale. Plus vous aurez d'entretiens, plus vos chances d'être sélectionné seront grandes. Vous pourrez vous offrir la satisfaction de choisir, car il n'est pas exclu que plusieurs offres vous soient faites en même temps. Même si cette situation crée quelquefois un dilemme, il faut avouer que ce n'est pas désagréable d'être ainsi sollicité.

II — Tu te « vendras » mais tu ne te vanteras pas.

« Vendez-vous », voilà un conseil qui scandalise bon nombre de candidats. Vous ne devez pourtant pas en avoir honte. Vous avez, certes, d'excellents diplômes et états de service, mais si vous ne savez pas les mettre en valeur, vous « vendre », vous serez sur le même plan que des candidats moins brillants. Il faut savoir néanmoins se tempérer car lorsque l'on manque d'habileté pour se vendre, on se vante. Rien n'est plus rédhibitoire qu'un C.V. empreint d'autosatisfaction.

III — Tu ne te diminueras pas.

Un ton larmoyant n'a jamais convaincu un employeur qui recherche des collaborateurs équilibrés sur qui il peut compter et non pas des gens à problèmes. Peu de chances de retenir l'attention d'un employeur lorsque l'on énumère ses faiblesses, ses déboires.

IV — Tu offriras tes services, tu ne mendieras pas un emploi.

Il est très important sur le plan psychologique de s'affirmer. Lorsqu'un candidat a compris qu'il offre ses services, il part confiant dans sa valeur. Son assurance séduira beaucoup d'employeurs, alors qu'en « quémandant » il ne fera que les indisposer.

V — Tu t'efforceras de comprendre les employeurs.

Les meilleurs vendeurs sont ceux qui jaugent rapidement les besoins de leur client. Leur argumentation sera mieux centrée et ils réussiront leur vente. Un candidat à un emploi doit parler le langage qu'attend l'employeur.

VI — Tu éviteras d'établir une fiche « de police ». Attache-toi à tes réalisations et aux responsabilités que l'on t'a confiées.

La fiche de police impersonnelle, c'est le C.V. traditionnel ; tout employeur en reçoit des milliers chaque année. Elle ne permet pas de dégager les points forts de votre valeur professionnelle. Vous devez faire ressortir vos réalisations et les responsabilités que l'on vous a confiées.

VII — Tu n'hésiteras pas à faire certaines omissions : omission n'est pas affabulation.

« Toute vérité n'est pas bonne à dire » est un dicton qui trouve une particulière consonance dans la rédaction de votre C.V. Tout ce qui peut vous être préjudiciable est à bannir (échecs, âge, prétentions, salaires antérieurs...). L'omission est fortement conseillée si elle vous favorise momentanément mais l'affabulation est formellement à proscrire.

VIII — Tu t'abstiendras de commettre des maladresses qui te seraient fatales.

Il serait long de faire la liste des maladresses qui portent tant sur la présentation que sur le fond (Voir chapitre CHECK-UP C.V.).

IX — Tu piqueras la curiosité de tes lecteurs (firmes) pour qu'ils aient envie de te rencontrer sans pour autant trop te dévoiler.

En mettant à profit les commandements précédents, vous aurez déjà réussi à vous mettre dans une situation favorable, il ne vous reste plus qu'à provoquer l'intérêt.

X — Tu te détacheras favorablement du lot.

Ce commandement en sera l'aboutissement heureux si vous cherchez à apparaître comme le meilleur...

Alain Baden
Le Guide Figaro du Nouveau Curriculum Vitae, 1982.

$\boxed{2}$ *Vous téléphonez.*

● Vous êtes au service du personnel de la société CLAIR ; vous recherchez :
— du personnel administratif
— des commerciaux
Vous appelez la société de personnel intérimaire INTERPRO pour déposer une offre d'emploi...

● Vous êtes au service d'ouverture des dossiers d'offres d'emploi de la société INTERPRO.
La société CLAIR vous appelle pour déposer des offres d'emploi.
Vous posez à votre correspondant toutes les questions nécessaires à l'ouverture du dossier.

Afin de préparer cette conversation téléphonique, les sociétés CLAIR et INTERPRO doivent déterminer :

pour le candidat :
{
les compétences requises

les qualités et les connaissances
}

pour le poste :
{
les conditions

les missions
}

Aidez-vous de ces offres d'emploi parues dans L'EXPRESS.

...'von Gattaz accepte de négocier
sur ...

pragmatique. Sachant que la loi d'habilitation permet d'a... six mois impartis pour l... ordonnance avant d'en... modification de la loi... l'organisation patronale... voir - quelques-unes - ... tions engager des négo... qu'elle s'y refusait jusc... - C'est un geste auqu... beaucoup -, a souligi... tandis que le nouvea... la commission soc... M. Jean-Claude Ac... remplacement de M... entendait préciser ... tion intermédiaire ... la loi et la négoci... les branches n'imp... gents ni quotas -.

Au lendemain... patronat de la ... ter, à la dema... - réunion explo...

législatives. Fin négociateur, ardent défenseur de la politique contrac-... l'ancien vice-président du ... ant à gagner si ... dans un ... de l'autorisation ... de licenciement ... loi, le CNPF s'en... parallèlement un ... s garanties aux sy... étant reprises dans u... que la CGPME elle... rait favorable à des n... même sur l'autorisation... ve, M. Gattaz ne pouv... mettre. Il vient de ... ille en permettant à c... commencer par lui-... ager une deuxième m... fallait détendre le c... al -, affirme-t-il, sûr d'... mpris.

ALAIN LEBAU...

M. Philippe Séguin. Le go... ment, qui a multiplié les ge... faveur du patronat, voulait ... CNPF fasse un effort sur l'... siers sociaux par la négo... contractuelle. En contreparti...

qui «...

Peu à p... contre le ... précisant ... déclench... s'efforça... blir un ... M. Fabius et ... A l'issue de son comité co... national, qui s'est réuni pour la première fois depuis son 42e congrès les mercredi 23 et jeudi 24 avril à Pantin, la centrale de M. Henri Krasucki n'a annoncé aucune action d'envergure contre les projets du gouvernement, la perspective d'une suppression de l'autorisation administrative de ...

pages qu... confédéral, M. Lou... numéro deux de la centrale, fait en permanence le lien dans son réqui- sitoire entre la majorité socialiste et la nouvelle majorité, M. Kra- sucki refusant de jeter - un man- teau de Noé - sur les cinq ans ...

...olitique ...ajorité socialis...

ligne de la CGT malgré le ... du PC aux législatives : ... résultats électoraux du 16 ... affirme-t-il. - reflètent effe... ment un progrès des idées de... lité de la crise mais l'his... montre qu'il n'y a jamais ... automatique entre comport... électoral et comportement ... et les exemples fourmillen... montrent que les idées de f... viennent souvent s'écraser s... réalités... *L'Express*, juillet 1984.

La CGT n'entend pas ... absente d'éventuelles négoci... mais, a précisé M. Krasu... n'est pas question de discut...

Responsable marketing
300 000 FF nets

Cameroun - produits de grande consommation - Un important groupe international, très actif en Afrique, et spécialisé dans la fabrication et la commercialisation de produits de grande consommation, recherche, pour sa filiale camerounaise (employant plusieurs milliers de personnes) un responsable marketing. Basé au siège de la société, à Douala, il sera chargé, sous l'autorité du directeur commercial, et dans le cadre de la politique définie par la direction générale, d'élaborer le plan marketing, de définir les objectifs à moyen et court terme, d'élaborer la stratégie correspondante et de déterminer les moyens à mettre en œuvre pour son application.

Assisté d'une dizaine de personnes, il veillera à l'application de ses plans d'action et en contrôlera les résultats et le budget. Ce poste conviendrait à un cadre âgé de 32 ans minimum, possédant une formation supérieure type école supérieure de commerce, et ayant acquis une expérience de plusieurs années dans le marketing des produits de grande consommation. La pratique de l'anglais de base est nécessaire. L'expérience de l'expatriation serait appréciée. Le salaire annuel, de l'ordre de 300 000 francs nets d'impôts et de charges sociales, sera assorti d'avantages liés à l'expatriation. Écrire à H. MICHERON à Neuilly en précisant la référence A/R9023X.

Ingénieur d'affaires

Informatique grands projets - La jeune filiale française d'un groupe britannique implanté dans 30 pays et spécialisé dans le développement et la commercialisation de systèmes informatiques de gestion de grands projets destinés aux grandes entreprises, recherche un ingénieur d'affaires. Basé à Paris et rapportant à la direction générale, sa mission sera de commercialiser une solution informatique originale et complète simplifiant la gestion des grands projets (planification, ordonnancement, gestion des coûts...) de la conception à la réalisation dans des secteurs variés : ingénierie, TP, offshore, pétrochimie, aérospatiale...

Ce poste s'adresse à un candidat âgé de 30 ans minimum, de formation ingénieur, école de gestion ou équivalent, ayant soit l'expérience de la gestion de grands projets acquise dans l'ingénierie, grands groupes, sociétés de conseil et souhaitant la valoriser, soit celle de la vente de produits similaires acquise chez un constructeur. Ce poste, compte tenu de la structure et de l'évolution de la société, offrira d'excellentes perspectives de carrière à court terme. La formation sera assurée dans divers pays européens. La pratique de l'anglais est nécessaire. La rémunération de haut niveau, tenant compte essentiellement du calibre et de l'expérience du candidat retenu sera assortie d'une voiture de fonction. Écrire à H. MICHERON à Neuilly en précisant la référence A/R9023X.

Animateur régional des ventes

Rhône-Alpes, Franche-Comté, Centre - LA BISCUITERIE NANTAISE BN, filiale du groupe « General Mills » fabrique et commercialise une cinquantaine de produits et occupe une position de leader sur plusieurs créneaux de son marché. La croissance constante de son chiffre d'affaires s'appuie sur une politique agressive de lancement de produits nouveaux. Elle recherche un animateur régional des ventes qui, sous l'autorité du chef des ventes régional, supervisera une équipe de 7 promoteurs travaillant avec la grande distribution sur 24 départements. Il évaluera leurs performances et assurera leur formation afin d'atteindre les objectifs qualitatifs et quantitatifs définis par les plans d'action mensuels.

Il rassemblera et synthétisera les informations sur le marché. Ce poste de cadre constitue une opportunité pour un homme de terrain, de formation commerciale (ESC, IUT) ayant l'expérience de méthodes de ventes rigoureuses en grande distribution et capable de développer la valeur technique et la motivation de son équipe. Le niveau de rémunération sera fonction des compétences acquises. Il s'y ajoutera un intéressement aux résultats et une voiture de fonction. Ce poste offre d'intéressantes perspectives d'évolution. Les entretiens pourront avoir lieu à Paris ou à Lyon. Écrire à S. BAQUEDANO à Nantes en précisant la référence A/1242X.

Inspecteur des ventes
120 000 F

Secteur Paris et secteur est de la France - SOFT est une jeune société très dynamique spécialisée dans la vente de matériel périphérique arts graphiques, entre autres. Elle a régulièrement accru son chiffre d'affaires d'au moins 40 % chacune de ces dernières années. Afin de poursuivre son développement et son implantation sur toute la France, elle recherche deux inspecteurs des ventes : l'un pour un secteur parisien (moitié 75 et 92), l'autre pour 14 départements de l'Est de la France (08 - 10 - 21 - 25 - 51 - 52 - 54 - 55 - 57 - 67 - 68 - 70 - 88 et 90).

Ces collaborateurs auront pour mission de développer le chiffre d'affaires auprès d'une clientèle exclusivement composée de revendeurs dont ils devront aussi former et animer les représentants. Ces postes s'adressent à de véritables professionnels de la vente, âgés d'au moins 28 ans et possédant une première expérience réussie dans la vente directe ou mieux auprès de revendeurs. Leur rémunération, composée d'un fixe et d'intéressements sur objectif, devrait d'abord atteindre, puis dépasser 120 000 francs, statut VRP. Une voiture sera fournie. Écrire à M. FOBY à Villeurbanne en précisant la référence A/355X.

CANDIDAT	POSTE
• Compétences requises :	• Missions :
• Qualités et connaissances :	• Conditions :

3 L'entretien d'embauche.

RECRUTEUR : Vous allez recevoir plusieurs candidats pour un poste. Vous devez, au cours de l'entretien, déterminer quels candidats peuvent remplir la fonction pour laquelle vous recrutez.
Vous complèterez, au cours de chaque entretien, la fiche ci-contre.

CANDIDAT : Vous êtes un des candidats à l'emploi proposé. Vous devez, au cours de l'entretien, faire valoir celles de vos qualités qui correspondent au profil du poste vacant...

FICHE D'ENTRETIEN DU CANDIDAT : _____

Poste à pourvoir : —   Qualités requises : —
                                                                              —
                                                                              —
                                                                              —

Recruteur : M. _____   Société : _____

1. CONTACT

		++	+	0	—	——
— le candidat vous semble-t-il	• sympathique					
	• antipathique					
	• timide					
	• calme					
	• nerveux					
— est-il	• bavard					
	• démonstratif					
— parle-t-il	• facilement					
	• en cherchant ses mots					
	• en souriant					
	• en vous regardant					
	• en gesticulant					
	• sans émotion					
— utilise-t-il un vocabulaire	• recherché					
	• sobre					
	• précis					
	• familier					
	• spécialisé					
	• imagé					
— ses vêtements sont-ils	• élégants					
	• seyants					
	• originaux					
	• appropriés					
— votre première impression est-elle bonne						

2. QUALITÉS PROFESSIONNELLES ET PERSONNELLES

	oui	non
Pour occuper ce poste,		
— le candidat possède-t-il • la formation requise		
• l'expérience professionnelle requise		
• la pratique de langues étrangères		
• la connaissance des techniques spécifiques requises		
— a-t-il les qualités personnelles exigées (lesquelles)		
•		
•		
•		
— a-t-il les aptitudes physiques exigées (lesquelles)		
•		
•		
•		

3. MOTIVATIONS

— le candidat a-t-il un plan de carrière		
— ce plan correspond-il au développement du poste à pourvoir		
— sa motivation pour ce poste est-elle • intéressante		
• forte		
• satisfaisante		

RETENEZ-VOUS CETTE CANDIDATURE :

Date   Signature

4 | *Entretiens d'analyse de compétences.*

— Vous êtes l'une de ces trois personnes :
- Michèle Kleiner
- Eric Granger
- Nicolas Perrin

Vous avez déposé votre candidature chez un cabinet de recrutement. Vous allez participer à un entretien qui permettra au cabinet de préciser votre profil professionnel et vos potentialités : préparez-vous !

— Vous êtes directeur du recrutement dans le cabinet JULLARD, CONSEIL ET RECRUTEMENT. Avec deux de vos collaborateurs, vous allez interroger trois nouveaux inscrits à votre fichier et préciser leur profil professionnel et leurs potentialités.

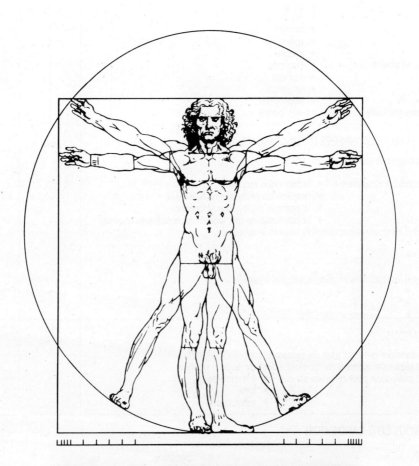

MANPOWER

Michèle KLEINER

Née le 15 octobre 1960
25 ans
Célibataire

75, rue du Moulin Vert
75014 PARIS
Tél. : (1) 45.42.76.44

FORMATION
1986 CESMA - Option Marketing
1985 Diplôme d'Etat de Pharmacien - Option Industrie Université de Paris V
Thèse en cours : « Mécanisme d'action des Tétracyclines »

LANGUES
Anglais - Allemand

EXPERIENCE
1985 Laboratoires SANDOZ (Rueil-Malmaison) - Direction des Produits - Service Etudes (5 mois) - Mémoire de fin d'études : Lancement d'un nouveau produit
Stage d'application en visite médicale (Alpes-Maritimes) - Gynécologie - O.R.L.
Ophtalmologie (2 mois)
1984 Laboratoires BROTHIER (Nanterre) - Unité de production (Maine-et-Loire)
(2 mois) - Essai d'amélioration du procédé de fabrication d'une ouate hémostatique - Elaboration de protocoles de fabrication et de contrôle
1984 - 1985 Pharmacie officine (emplois à temps partiel)
1983 Stage d'un mois à l'hôpital COCHIN

CENTRES D'INTERET
Voile (croisières Turquie, Bretagne), planche à voile, tennis, ski, volley-ball, cinéma,
décoration, voyages à l'étranger
Participation aux activités du CESMA : Club d'investissement, Missions Export

OBJECTIF PROFESSIONNEL
Accéder à un poste de coordination et de synthèse, tel que chef de produit dans
l'Industrie Pharmaceutique ou Cosmétique, ou chef de publicité dans une agence
concernée par la communication des produits pharmaceutiques

Nouveaux Managers 1986, CESMA, Lyon.

Eric GRANGER

28 ans
Célibataire
Libéré des O.M.

32, chemin des Hautes-Bruyères
69130 ECULLY
Tél. : 78.33.16.14

FORMATION

1986 - CESMA - Option Gestion Opérationnelle
1985 - Maîtrise administration économique et sociale, Paris VII
1978 - B.T.S. Commerce international

LANGUES

Anglais courant
Espagnol

EXPERIENCE

1984 - 1985 Chargé d'études au service Marketing chez TREFIMETAUX
     (branche cuivre de PECHINEY)
     Etude du marché de la connectique électronique
1979 - 1983 Responsable de zones Export chez TREFIMETAUX
     Zones couvertes : Grande-Bretagne, Irlande, Pays-Bas, Belgique, Suisse,
     Espagne et Portugal (occasionnellement Hong-kong, U.S.A., Scandinavie)
     Poste de Terrain et d'administration des Ventes
1978 - Stage à la B.E.C. (banque populaire) sur les pratiques monétaires internationales

CENTRES D'INTERET

Vie associative : commission pédagogique du CESMA
Voyages : Asie du sud-est, U.S.A., Scandinavie, Europe
Sports : voile, plongée, tir à l'arc, tennis
Divers : club investissement

OBJECTIF PROFESSIONNEL

Commercial, si possible à l'export, me permettant d'utiliser mes facultés de créativité,
rigueur et imagination.
Mobilité totale.

Nouveaux Managers 1986, CESMA, Lyon.

Perrin Nicolas
5, rue des Cerisiers - 31700 BEAUZELLE
Tél. 61.71.26.94
39 ans - marié - 2 enfants

I. FORMATION

— Ingénieur E.C.A.M. (Lyon, juin 1967)
— C.A.A.E. (à l'I.E.A.A. de Strasbourg en janvier 1969)
— Langues lues, écrites, parlées :
      anglais correct
      espagnol aisé

II. EXPÉRIENCE PROFESSIONNELLE

1968 - 1969	Éts Georges HAEBER à SÉLESTAT (67) (matériel de chantier)

INGÉNIEUR au Bureau des Méthodes, chargé de rendre opérationnelles des machines-transfert (mécanique, hydraulique, automatismes électromécaniques) pour la fabrication.

1970 - 1975	Éts BOURIOT et Cie à BREST (29) (composants électroniques : connecteurs)

INGÉNIEUR NOUVEAUX PRODUITS, animant 4 personnes :
— conception (ou amélioration) et industrialisation de connecteurs (matières plastiques injectées, découpe fine, décolletage, matriçage, assemblages en petites ou grandes séries) :
    • études des moyens de fabrication et de contrôle ; création des liasses de fabrication.
    • mise en production des séries dans le respect des coûts, des délais, de la qualité.
    • réalisation des prototypes ; conduite des essais et homologations.
— assistance technique en commercial, S.A.V.

1975 1980	S.O.P. Société Ouvrière de Précision à PARIS, puis à GRENOBLE (38) (téléphonie, instruments de mesure, robotique)

INGÉNIEUR ÉTUDES-DÉVELOPPEMENT, animant 5 personnes :
— études technologiques et esthétiques des équipements électroniques de téléphonie et péritéléphonie (tôlerie, moulage des stratifiés et matières plastiques ; câblage, cartes imprimées) en optimisant coûts, qualité et délais.
— mises en dossier.
— réalisation des prototypes dans les ateliers et chez les sous-traitants.

depuis 1980	Compagnie ESPACE (PME de 40 personnes) au BOURGET (92) (télétransmissions et localisation par satellites)

CHEF DE BUREAU D'ÉTUDES :
— mise en place, organisation et gestion du service (5 personnes).
— élaboration et gestion des dossiers de produits ; rédaction de notices techniques ; établissement de devis.
— conception mécanique et électrotechnique des équipements électroniques utilisés en environnements sévères (tôlerie, petite mécanique, moulage des plastiques, traitements de surface, marquages).
— choix et suivi des sous-traitants (qualité, prix, délais).

5 *Voici votre carte de visite actuellement :*

MATTON S.A.

Jean Lubière

13, rue de la République 69027 LYON CEDEX

Imaginez votre carte de visite :

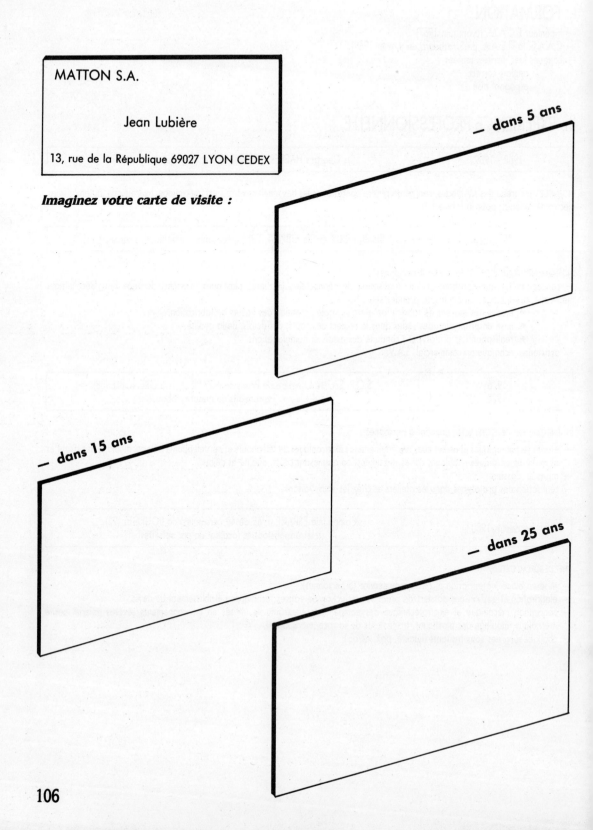

— dans 5 ans

— dans 15 ans

— dans 25 ans

à vous d'écrire

12 septembre

NOTES PERSONNELLES

La vie des sociétés

François Mangin m'a dit qu'il (craindre) _____ *que
la situation économique n'empire.
J'ai appris que :*

    — la Société TOMER (dissoudre) _____ *son
       assemblée générale il y a quelque temps et qu'elle
       (ne pas encore résoudre)* _____ *son problème
       juridique.*

    — la Société DAT (rejoindre) _____ *la Cie des
       Pétroles avant d'informer la presse que son bilan
       serait catastrophique.*

    *— chaque fois qu'un problème social se posait chez
       NOCOMA, les syndicats (enjoindre)* _____
       les employés à négocier.

REMARQUES PLUS PERSONNELLES　　　　　　　**OU/OÙ**

Je demanderai à Mangin _____ *il s'habille ; je voudrais
vraiment savoir d'* _____ *vient le costume qu'il portait hier ;
      il l'a acheté dans une boutique de prêt-à-porter
(j'aimerais alors qu'il me dise laquelle et* _____ *précisément) ;
      il l'a fait faire sur mesure chez un bon tailleur.*

SON/SONT

Il a changé _____ *style.* _____ *allure est toujours dynamique,
énergique, mais* _____ *comportement est plus pondéré qu'il
y a quelque temps ;* _____ *job doit lui convenir tout à fait ;
d'après ce qu'il m'a dit, ses activités* _____ *très variées,*
_____ *environnement agréable et très efficace, ses rapports professionnels ne* _____ *pas du tout tendus ;* _____ *plan de
carrière semble être relativement défini ; les moyens que la*

société met à sa disposition .... suffisants et lui permettent ainsi d'atteindre .... objectif sans trop de difficulté. Il faudra que je visite .... entreprise et que je rencontre .... patron...

Idées à creuser

TOUS, TOUTES, TOUT

Réorganiser .... le service commercial ; ...., nous passons beaucoup trop de temps à « rendre compte » de .... nos missions. Une bonne partie de .... nos journées est consacrée à « rapporter » .... nos contacts... On peut, peut-être, mettre en mémoire .... les informations sur les clients et compléter à chaque contact la fiche correspondante. .... ce que j'ai vu à Strasbourg me sera très utile... A étudier.

Me renseigner pour vérifier :

— si au cours de la réunion de mardi dernier, les Américains *(se plaindre)* .... encore de leurs relations avec notre agent de Montpellier.

— si nos techniciens *(résoudre)* .... le problème des fissures avant nos prochains contacts (dans deux mois) avec la R.F.A.

— si Fournier *(joindre)* .... effectivement la Société GERMAX la semaine dernière.

— si dans mon pré-rapport (il est déjà à la frappe) sur les transformations du service commercial je *(disjoindre)* .... les aspects commercial et financier.

Je dois écrire à Pietilä pour lui faire le récit de ma rencontre avec notre ami François Mangin (ne pas oublier de lui dire que FM le contactera certainement pour affaires).

Henri Devin
Villa « Les Rosiers »
B. BRUXELLES

Mon Cher Jean,

109

à vous de parler

1 | **Vous êtes Henri Devin : François Mangin vous appelle...**

FM : Bonsoir Henri, je pensais que tu étais déjà parti !
HD : _____

FM : Tant mieux. J'ai bien fait d'appeler aujourd'hui ! Je voulais te parler de notre petite affaire...
HD : _____

FM : Eh bien, des revêtements dont nous avons parlé !
HD : _____

FM : Oui, il est prêt. Je le fais parvenir à ton hôtel dans la journée ?
HD : _____

FM : Non, pas uniquement ; voilà : j'ai contacté les services commerciaux de mon entreprise et ils m'ont indiqué que deux contrats importants viennent d'être passés avec l'Asie et que nos délais de livraison sont pour l'instant rallongés de 4 mois !
HD : _____

FM : Par contre, nos prix resteront inchangés pendant les six prochains mois.
HD : _____

FM : Je comprends ! Malgré les délais, passez tout de même votre commande ce mois-ci.
HD : _____

FM : Oui, oui, je comprends... Alors, à bientôt !

2 | **Entretien d'embauche. Vous répondez.**

1. Qu'est-ce que vous faites pendant votre temps libre ?

_____

_____

_____

2. Quel domaine (marketing, finance, production, personnel,...) vous attire le plus ?

_____

_____

_____

3. Dans quelles matières étiez-vous le meilleur à l'université ?
Pourquoi ?

_____

_____

_____

4. Comment passez-vous vos vacances ?

_____

_____

_____

5. Quel type d'emploi souhaitez-vous occuper ?

_____

_____

_____

_____

6. Quelles sont vos qualités ?

_____

_____

_____

_____

7. Quels sont vos défauts ?

_____

_____

_____

_____

8. Combien voulez-vous gagner ?

_____

_____

_____

_____

9. Combien espérez-vous gagner à 30 ans ? à 40 ans ? à 50 ans ?

_____

_____

_____

_____

10. Préférez-vous travailler en équipe ou vous débrouiller tout seul ?

_____

_____

_____

11. Avec quel type de patron souhaiteriez-vous travailler ?

_____

_____

_____

_____

12. Avec quel type d'employés souhaiteriez-vous travailler ?

_____

_____

_____

_____

13. Qui vous a influencé dans le choix de votre carrière ?

_____

_____

_____

_____

14. Qu'avez-vous appris pendant vos études ?

_____

_____

_____

_____

15. Citez-moi une ou deux expériences où vous avez fait preuve d'initiative ?

_____

_____

_____

_____

informez-vous

1 *Vous lisez ce communiqué paru dans la revue « INGÉNIEUR-AUVERGNE ».*

UNE ÉCOLE D'INGÉNIEURS
cust
CENTRE UNIVERSITAIRE DES SCIENCES ET TECHNIQUES
EN AUVERGNE

Historique.

L'Institut des Sciences de l'Ingénieur de l'Université de Clermont II a pris le nom de Centre Universitaire des Sciences et Techniques. Créé par les arrêtés du 31.12.1968 et 23.03.1969, il a ouvert ses portes au mois d'octobre 1969. Il fonctionne de façon autonome, au sein de l'Université de Clermont depuis le 1er janvier 1971 ;

Vocation.

Le Centre Universitaire des Sciences et Techniques forme des Ingénieurs et Maître ès-Sciences et Techniques aptes à servir de cadres supérieurs à l'industrie, aux laboratoires de recherches et aux administrations dans cinq filières à savoir : *génie biologique, génie civil, génie électrique, génie physique, M.I.A.G. (Méthodes Informatiques Appliquées à la Gestion).*

Recrutement.

Le Centre Universitaire des Sciences et Techniques recrute sur le plan national des étudiants au niveau BAC + 2, sur dossier, essentiellement sur les cycles universitaires scientifiques et techniques (DEUG, DUT) et en complément sur les formations équivalentes (BTS, classes préparatoires...).

Activités des filières.

Les secteurs d'activités industrielles des différentes filières se situent dans les domaines suivants :

• *Génie biologique :* industries agro-alimentaires, pharmaceutiques, phyto-sanitaires, de dépollution.

• *Génie civil :* bâtiment, travaux publics, ouvrages d'art (chantier et bureau d'études).

• *Génie électrique :* régulation, automatisation, contrôle de processus, micro-informatique appliquée à la commande et au contrôle des systèmes industriels.

• *Génie physique :* analyse et contrôle. Mesure et régulation de processus industriels dans leur contexte physique et chimique.

• *Informatique de gestion :* (Méthodes Informatiques Appliquées à la Gestion). Automatisation des fonctions de gestion.

Durée des études.

La durée des études est de 3 ans pour l'obtention du titre d'ingénieur.

La Maîtrise des Sciences et Techniques peut être obtenue à l'issue des deux premières années.

Le passage en 3e année n'est pas automatique. Il est prononcé par un jury d'admission composé de l'ensemble des enseignants de la filière.

Enseignement.

L'enseignement dispensé au C.U.S.T. repose sur trois composantes :
— scientifique fondamental,
— technologique,
— communication.

Les 5 filières utilisent des services pédagogiques communs pour leurs enseignements de technologie (atelier, dessin), de langues en laboratoire, d'expression écrite et orale et de sciences humaines.

La scolarité est de 30 semaines par an en moyenne à raison d'une trentaine d'heures d'enseignement par semaine.

FORMATION D'INGÉNIEUR EN GÉNIE BIOLOGIQUE

La filière Génie Biologique a pour but de former des cadres supérieurs et des ingénieurs pour les industries très diverses qui font appel en fabrication, en contrôle ou en conception de procédés nouveaux, à des processus biologiques ou à des processus qui mettent en jeu les interactions entre substance chimique inerte et matière vivante.

Ce sont en particulier :
• les industries de fermentations ;
• les industries agro-alimentaires au niveau de la conservation et du conditionnement ;
• les industries de préparation de produits biologiques ;
• les industries qui luttent contre la pollution ;
• les industries phytosanitaires.

FORMATION D'INGÉNIEUR EN GÉNIE CIVIL

L'enseignement du Génie Civil vise à la formation de cadres supérieurs dans le domaine du Bâtiment et des Travaux Publics.

L'insertion des diplômés est possible dans toutes les branches du Génie Civil :
— organisation de chantier, conduite et direction de chantier,
— bureaux d'études,
— conception, réalisation et coordination dans le second œuvre (thermique, isolation),
— bureaux de contrôle,
— administration (D.D.E., P.T.T., hôpitaux...),
— enseignement et recherche.

Des débouchés existent dans des entreprises de toute taille et la répartition géographique s'étend à toute la France. De nombreuses possibilités à l'étranger sont également offertes ; les diplômes obtenus permettent l'accès au troisième cycle (D.E.A., doctorat), à certaines écoles de spécialité (C.H.E.C., Institut de gestion...) et à des formations étrangères (par exemple « Master »).

FORMATION D'INGÉNIEUR EN GÉNIE ÉLECTRIQUE

La filière Génie Électrique a pour but de former des ingénieurs capables d'analyser, de concevoir et de mettre en œuvre des systèmes complexes de commande, de contrôle, de régulation des processus industriels faisant appel aux disciplines de base que sont : l'électronique, l'automatique, l'électrotechnique, la micro-électronique.

Les secteurs industriels susceptibles d'être intéressés par une telle formation comprennent :
— les secteurs qui désirent automatiser leurs chaînes de production, ou de fabrication,
— les secteurs qui utilisent des technologies électroniques de pointe,
— les secteurs qui fabriquent des composants électroniques en micro-électronique,
— les secteurs qui élaborent des produits grand public à base d'électronique.

FORMATION D'INGÉNIEUR EN GÉNIE PHYSIQUE-INSTRUMENTATION

La filière de Génie Physique-Instrumentation forme des cadres supérieurs et ingénieurs compétents dans le domaine des matériaux et des processus industriels à caractère physique et/ou physico-chimique, cette compétence pouvant aussi bien s'exercer en fabrication qu'au sein d'un laboratoire de contrôle ou de recherche ou dans un département technico-commercial.

FORMATION D'INGÉNIEUR EN M.I.A.G. (Méthodes Informatiques Appliquées à la Gestion).

La filière Informatique et Gestion a pour objectif de former des cadres supérieurs et ingénieurs capables d'analyser, de concevoir et de mettre en œuvre les systèmes informatiques de gestion en faisant appel aux diverses techniques de traitement de l'information et de modélisation des entreprises. Par leurs études et réalisations ces diplômés permettent d'assurer en permanence une adéquation entre les objectifs de l'entreprise et les spécifications du système informatique.

Leur champ d'action s'accroît sans cesse. Toutes les catégories d'organisation et tous les secteurs sont maintenant concernés car l'informatique avec l'apparition des micro-ordinateurs constitue des réseaux aux ramifications de plus en plus profondes.

Conseil de perfectionnement.

Dans chaque filière il a été mis en place un conseil de perfectionnement.

L'objectif général de ces conseils de perfectionnement est de conserver ou d'ajuster dans toute la mesure du possible, l'adaptation de chaque filière aux besoins du monde du travail et en particulier aux débouchés.

Ces conseils de 18 personnes comprennent chacun, entre autres, cinq personnalités extérieures représentant le secteur économique et social.

Les stages en entreprise.

Cette scolarité se prolonge par des stages :
— 1re année : stage ouvrier, facultatif, durant l'été.
— 2e année : stage d'études obligatoire en mai et juin.
— 3e année : stage d'études longue durée de janvier à juin.

Participation à la vie industrielle.

En dehors des stages qui favorisent les rapports et échanges entre universitaires et industriels, le C.U.S.T. participe à d'autres types d'activités faisant appel ou confirmant cette collaboration C.U.S.T./ENTREPRISE.

Le C.U.S.T. a contribué à la création de l'INSTITUT DE LA VIANDE, organisme public destiné à aider les entreprises et à former des spécialistes travaillant dans le secteur alimentaire.

Le C.U.S.T. a lancé le C.U.M. (Club des Utilisateurs de Micro-processeurs) regroupant industriels et universitaires motivés par les mêmes préoccupations techniques.

Le C.U.S.T. joue le rôle de coordinateur de la phase sensibilisation de l'action menée par le Ministère de l'Industrie pour l'assistance de PMI à l'usage de la microélectronique.

Le C.U.S.T. organise des journées d'études sur des questions technologiques intéressant chacune des différentes filières.

Institut des Sciences de l'Ingénieur (Centre Universitaire des Sciences et Techniques) - Université Clermont II
rue des Meuniers
B.P. 48
63170 AUBIÈRE - Tél. 73.26.41.10

Ingénieur-Auvergne, juillet 1982.

Maintenant, vous complétez la fiche ci-dessous :

UNE ÉCOLE D'INGÉNIEURS
CUST
CENTRE UNIVERSITAIRE DES SCIENCES ET TECHNIQUES

NOM DE L'ÉTABLISSEMENT :

DATE DE CRÉATION :

DATE D'OUVERTURE :

OBJECTIF DE LA FORMATION :

DOMAINES DE FORMATION :

NIVEAU D'ENTRÉE :

Année	Diplômes obtenus

DURÉE ANNUELLE DE LA SCOLARITÉ :

DURÉE HEBDOMADAIRE DE LA SCOLARITÉ :

TITRE DES DIPLÔMES :

DÉBOUCHÉS PAR CATÉGORIE :

1. _____
   _____

2. _____

3. _____
   _____

4. _____

5. _____
   _____

aix-en-provence

UNE GRANDE ÉCOLE DE GESTION DANS L'UNIVERSITE

9 diplômes nationaux de 3e Cycle
dont 6 DESS
- Administration des Entreprises (C.A.A.E.)
- Marketing Appliqué
- Audit Interne
- Techniques quantitatives et Informatique de Gestion
- Gestion du Personnel
- Management des Activités de Service.

Un D.E.A. en sciences de Gestion
Un Doctorat 3e Cycle
Un Doctorat d'État.

Un corps professoral
de 32 enseignants permanents.

Un centre d'étude et de recherche
sur les organisations (C.E.R.O.G.).

Un centre de formation continue
pour cadres et dirigeants d'entreprise (F.C.M.).

I.A.E. AIX
Clos Guiot — 13540 PUYRICARD

Tél. : 42.92.10.50
Télex : 400.248
Service de Formation continue
Tél. : 42.92.10.98
Association des Anciens
Tél. : 42.92.04.40

Université de Droit d'Économie et des Sciences d'Aix-Marseille

INSTITUT DE GESTION SOCIALE

3e cycle de management en formation continue

UNE GRANDE ÉCOLE DE L'ACTION EN COURS DE CARRIÈRE

Un programme de « développement professionnel » centré sur la stratégie, la prise de décision, l'entraînement à la négociation, aux techniques d'expression et de motivation, à la maîtrise de l'environnement, à l'évolution des comportements, la gestion de projet et l'action internationale.

Un contact privilégié et permanent avec les décideurs et principaux responsables des entreprises, des professions, de l'administration et de l'environnement.
Un fil conducteur : la prise de responsabilités.

L'admission est ouverte après un entretien d'orientation, aux candidats ayant au moins 7 ans d'expérience.

Prochaine session : octobre 1984. Renseignements et dépôt immédiat des candidatures :

IGS

3e cycle de management en formation continue

25, rue François-Ier - 75008 PARIS
(1) 47.23.72.94

objectif Export !

le Japon
les Etats-Unis
l'Afrique du sud
l'Afrique Noire

votre visa !

LES MISSIONS CESMA

- des études sur mesure pour votre entreprise
- une capitalisation de 5 années d'expérience sur ces pays
- des cesmaliens à double formation : technique + commerciale + spécialisation en affaires internationales
- de grandes banques partenaires soutiennent financièrement les opérations.

CONTACTEZ-NOUS !
Sylviane Bodmer
tél. (7) 833.81.22 poste 487

groupe
école supérieure de commerce de lyon
cesma

L'Express des 18 et 24 octobre 1985.

117

Choisissez quatre offres d'emploi et, pour chacune d'elles, remplissez le tableau suivant :

Employeur • nom, adresse, téléphone • produit				
Intermédiaire • nom, adresse, téléphone • type de service				
Poste à pourvoir Lequel				
Lieu du poste				
Salaire du poste				
Tâches du poste				
Qualités requises				
Diplômes				
Lieu d'habitation souhaité				

Commentaires :

— Quelles sont vos observations sur les informations contenues dans ces offres ?

— En quoi ces offres sont-elles différentes de celles qui paraissent dans les journaux de votre pays ?

— Quel poste vous intéresse et pourquoi ?

118

entraînez-vous

1 ● *Prenez une décision ferme, sinon il y aura des réactions !*

- Comment ! si je ne <u>prends</u> pas de décision ferme, il y <u>aura</u> des réactions ?

- Transformez les statuts de votre société, sinon vous déposerez votre bilan !
- Revoyez la politique commerciale des succursales, sinon certaines fermeront !
- Acceptez les conditions qu'on vous propose, sinon vous laisserez passer votre chance !
- Vendez vos actions maintenant, sinon vous perdrez de l'argent !
- Investissez dans ces nouvelles technologies, sinon vous serez vite dépassé !

2 ● *Tu es occupé ? Alors, tu n'assisteras pas à la réunion ?*

- Non, mais <u>si</u> je <u>n'étais</u> pas occupé, j'y <u>assisterais</u> .

- Merieu est malade ? Alors il n'organisera pas le congrès !
- Messieurs, vous prenez ce menu ? Alors vous ne boirez pas de vin blanc !
- Vous créez une société ? Alors vous n'ouvrirez pas de commerce !
- L'État vous subventionne ? Alors vous ne ferez pas appel à l'épargne des particuliers ?
- Tu veux investir ? Alors tu n'auras plus de liquidités !

3 ● *Les Établissements DUR sont au bord de la faillite : c'est parce qu'ils n'ont pas investi ?*

- Oui, <u>s'ils avaient investi</u>, ils ne <u>seraient</u> pas au bord de la faillite.

- Le directeur licencie son comptable : c'est parce qu'il ne l'a pas jugé compétent ?
- La productivité diminue : c'est parce que nous n'avons pas bien évalué les charges ?

- Cette situation vous embarrasse, Monsieur : c'est parce que vous ne l'avez pas prévue ?
- La secrétaire donne sa démission : c'est parce qu'on ne l'a pas payée suffisamment ?
- Les consommateurs réagissent : c'est parce qu'ils n'ont pas été informés ?

4 ● *Tu n'as pas pris la direction de la société, car tu n'as pas accepté les conditions qu'on t'offrait, n'est-ce pas ?*

- Oui, <u>si j'avais accepté</u> les conditions qu'on m'offrait, j'aurais <u>pris</u> la direction de la société.

- Tu n'as pas senti les difficultés de cette agence, car on ne t'a pas communiqué les résultats, n'est-ce pas ?
- Tu n'as pas rédigé ce rapport, car on ne t'a pas donné toutes les informations, n'est-ce pas ?
- Le Conseil de l'Europe n'a pas statué sur ce décret, car on ne l'a pas mis à l'ordre du jour, n'est-ce pas ?
- Le Ministre de l'Artisanat n'a pas écourté sa visite, car les petits commerçants ont manifesté, n'est-ce pas ?
- Tu n'as pas attendu la fin du débat, car le thème ne t'a pas séduit, n'est-ce pas ?

5 ● *Est-ce que le gouvernement prendra des dispositions contre l'inflation ?*

- Vous voulez savoir si le gouvernement prendra des dispositions contre l'inflation ?

- Est-ce que votre société investira dans la robotique ?
- Est-ce que les clients vous ont tous réglé leur facture ?
- Est-ce que vous participerez au congrès de NIAMEY ?

119

- Est-ce que vos projets se sont réalisés, Messieurs ?
- Est-ce que tu as transmis toutes les informations au directeur général ?
- Est-ce que les grèves ont provoqué un ralentissement économique ?

6 ● Quand on se réunira, vous exposerez votre problème ?

- Oui, j'exposerai mon problème, si toutefois on se réunit !

- Quand le bureau se réunira pour les nouveaux locaux, vous interviendrez ?
- Quand la construction de la nouvelle usine sera achevée, vous l'inaugurerez, Messieurs ?
- Quand le directeur rencontrera son client japonais, vous lui soumettrez votre projet ?
- Quand la Mairie achètera les nouveaux terrains, le Maire fera des appels d'offre ?
- Quand le Préfet viendra, nous discuterons des mesures gouvernementales ?
- Quand les pouvoirs publics alloueront des subventions, les PME se manifesteront ?

7 ● C'est le représentant de la direction qui abordera le sujet des rémunérations ?

- Oui, le sujet des rémunérations sera abordé par le représentant de la direction.

- C'est la secrétaire qui réservera les places sur le vol PARIS-DAKAR ?
- C'est l'administration qui a octroyé à la Société SOREL cette subvention ?
- C'est l'État qui imposera les petits commerçants ?
- C'est le service commercial qui a reporté à la semaine prochaine cette commande ?
- C'est la banque qui comblera notre découvert ?
- Ce sont les entreprises qui supporteront la nouvelle hausse ?

8 ● Vous avez des renseignements sur cette société ?

- Oui, je les ai _tous_ !

- Tu acceptes les arguments de ce vendeur ?
- L'État finance les installations de ce chantier ?
- Philippe, vous rachetez les actions de cette firme ?
- La maison-mère veut connaître les résultats des succursales ?
- L'administration détruit les quartiers insalubres ?

9 ● Monsieur, je ne vous apporte que ce contrat ?

- Non, apportez-moi _tous_ les contrats ?

- Monsieur, je ne lui photocopie que cette note ?
- Je ne vous fournis que cet exemplaire ?
- Je ne transmets que ce bon de commande au chef comptable ?
- Monsieur, je ne vous remets que ce justificatif et que cette fiche ?
- Je ne te présente que ce candidat ?

10 ● Monsieur, je dois informer les agences de ce changement ?

- Oui, vous devez informer de ce changement _chacune_ des agences !

- Messieurs, vous avez comptabilisé vos dépenses ?
- Vous ferez une fiche pour les candidats au poste de vendeur ?
- Tu inviteras à la réunion du 31 les commerciaux ?
- Vous avez livré nos concessionnaires ?
- Monsieur, je dois envoyer aux services intéressés ces rapports ?
- Mademoiselle Farbier, vous contrôlerez les recettes de l'année en cours ?

dialogues

H. DEVIN TRAITE UNE AFFAIRE

Sur le stand

Henri Devin — Mac Allen

M. ALLEN : Monsieur Mangin m'a demandé de vous présenter nos produits. Je vais vous renseigner.

HD : Je suis intéressé par des isolants à haute résistivité et je vois que c'est votre spécialité.

MA : En effet... cela fait longtemps que nous travaillons à ce type de produit.

HD : ... depuis combien de temps ?

MA : Oh ! Je ne sais plus très exactement, mais déjà lorsque nous étions la SIL...

HD : La S.I.L. ? ? ?

MA : La Société des Isolants Lyonnais,... nous avions étudié un isolant d'application universelle ; mais après, pour diffuser, comme notre surface financière était insuffisante, nous nous sommes associés avec le groupe américain C.A.P....

HD : La « Chemical American Products » ? C'est la société qui projette de racheter la Compagnie des Produits Pharmaceutiques ?

MA : Oui, je crois... En tout cas « SPIR » commence à être connu... Il faut que je vous présente maintenant notre produit révolutionnaire... celui dont tout le monde va bientôt parler ! !

HD : Il est plus performant que l'I.T.M. ?

MA : ... que l'« Isolant Tous Métaux »... ? bien sûr ; utilisation et emploi simplifiés ; application sur différents supports : bois, métaux, plastique, verre ; fiabilité dans le temps doublée ; choix de colorants... les usages sont infinis.

HD : Ah ! Le produit m'intéresse s'il est vraiment performant et fiable...

Prise de contact

HD : Ce que nous cherchons pour nos clients, c'est un isolant capable de répondre à toutes les demandes.

MA : Vos activités couvrent-elles la construction ?

HD : Oui, mais pas seulement. Notre société, la SOTRABETEC, s'occupe de transfert de technologies *(silence).* Nous vendons des réalisations clés en main ou produits en main. Nous avons été amenés à réaliser de gros projets : villages en Algérie, construction de voies ferrées en Amérique latine.

MA : Et vous cherchez, pour faciliter les maintenances, des produits polyvalents ?

HD : En effet, la standardisation est notre meilleur atout pour assurer un service après-vente correct.

MA : C'est effectivement la meilleure solution pour que les clients soient fidèles.

HD : Alors quand je vois votre produit isolant, il est en parfaite adéquation avec notre politique de standardisation.

MA : De plus, vous constaterez sa compétitivité. Quant aux délais de livraison, vous nous connaissez ! !

HD : Il serait intéressant que vous fassiez livrer des échantillons au siège à Bruxelles avec des propositions de prix, afin que nous étudiions l'impact financier ; je pourrai ensuite vous rencontrer pour une éventuelle négociation.

MA : D'accord. Attendez, il faut que je prenne note de tout cela. Nous disons donc : échantillons en différentes applications de notre isolant, une liste de prix suivant des quantités de livraisons et les études sur le produit bien sûr.

HD : C'est cela.

MA : Vous recevrez tout le dossier dans une semaine... De toute façon, M. Mangin suivra ce dossier personnellement. Tenez, voici ma carte.

HD : Voici la mienne, vous pouvez me téléphoner.

1 Rencontre et discussion sur un stand de foire-exposition.

— Vous êtes Monsieur Duroy, le responsable des achats de la société MARIN. Le directeur de la société vous a chargé d'équiper les bureaux de 10 personnes, avec les consignes suivantes :

- budget serré
- achat d'un matériel solide mais bon marché, fonctionnel...
- quantité limitée.

A la foire-exposition du mobilier de bureau où vous vous rendez, vous visitez le stand de MODBURO sur lequel le vendeur vous propose ses produits...

— Vous êtes Monsieur Vernon, représentant de la société MODBURO ; vous êtes sur le stand de la société à une foire-exposition régionale.
Des visiteurs se présentent... Un certain Monsieur Duroy est intéressé par votre produit... Vous souhaitez vendre le matériel le plus cher, le plus luxueux, le plus esthétique, en grand nombre : mobilier, luminaires... et divers accessoires.
La négociation s'engage entre Messieurs Duroy et Vernon.

2 Vous présentez devant le jury de NOVATION

— une machine à ramasser les feuilles   — un parapluie multiplaces
— une machine à tondre les haies   — ...
Ce jury encourage les inventeurs en subventionnant les recherches et leurs applications.

Vous présentez votre invention, vous voulez, bien sûr, obtenir le prix.

3 Imaginez un nouveau téléphone

– rédigez une fiche technique.
– donnez un nom à ce nouveau produit.
– préparez une publicité à insérer dans un mensuel « grand public ».

4 Un repas d'inauguration dans un village de vacances

Les bungalows ont été isolés par la célèbre firme, ISOTOUT.

ISOTOUT
La qualité dans le bâtiment

Il n'y a que les produits de qualité supérieure qui arrivent à s'imposer à longue échéance dans la pratique.

Les avantages des feuilles d'étanchéité ISAL sont regroupés dans les 7 points du programme de garantie ISAL. Derrière ce programme, on trouve ISOTOUT, l'un des plus grands fabricants de matières plastiques dans le bâtiment avec plus de 40 ans d'expérience. ISOTOUT est le partenaire de beaucoup de branches d'activités du génie civil, le bâtiment, les aménagements intérieurs, l'industrie électrique, la construction d'appareils et l'industrie automobile.

Les produits et le savoir-faire de ISOTOUT sont utilisés dans le monde entier.

Si vous voulez vous associer au succès d'une grande marque et découvrir les avantages d'être le partenaire d'une grande entreprise, contactez-nous. Nous recherchons encore dans différents départements des entreprises artisanales qualifiées pour la pose de nos feuilles d'étanchéité ISAL.

ISOTOUT S.A.
Z.I. 50000 CHERBOURG

Le repas commence, autour de la table sont rassemblés :
– Antoine Giraud, P.D.G. d'ISOTOUT.
– Giano Fanchetti, Directeur de Italia Constructions.
– Bango Salame, Responsable du projet (il l'a supervisé au nom de son État).
– Kodjo Kofi, Secrétaire d'État au Tourisme.
– Jean Dupont et sa femme qui ont gagné un séjour d'une semaine dans ce village (ils sont lauréats du concours des « Chemises Laporte »).

Tout le monde commence à manger... La pluie se met à tomber sur les bungalows...
Elle tombe dans les assiettes...
Imaginez les réactions.

EXPOSEZ TRANQUILLE.

NICKEL

à vous d'écrire

Ce que j'ai remarqué.

QUE, QUI

— Ce   j'ai vu à la Foire est très intéressant ; je me suis documenté sur ce   se faisait de mieux en matière d'isolation ; ce   je n'ai pas pu voir précisément, c'est le matériel informatique ; je demanderai aux grandes maisons de m'envoyer une documentation sur ce   existe.

— Ce   m'a frappé, c'est le nombre de visiteurs ; ils ne semblent pas tous professionnels, ce   laisse supposer que les particuliers s'intéressent autant que les professionnels aux innovations industrielles, ce   n'était pas vrai il y a quelques années...

— Ce   je déplore, c'est la rareté des transports collectifs entre le centre ville et la Foire ; un nombre de navettes plus important, ce   est relativement facile à mettre en place, rendrait l'accès de la Foire plus agréable.

127

HD écrit à son fils, Frédéric, qui est dans une école commerciale à Genève. Replacez correctement les adverbes.

Cher Frédéric,

Ne m'en veux pas si je réponds à ta récente lettre (seulement, maintenant) je suis vraiment très pris en ce moment ; d'autre part, tu ne me donnes pas de détails (assez).

Je t'avouerai aussi que je n'ai pas compris (bien) ce que tu voulais que je t'explique (exactement). Sache que je ne connais pas le directeur de l'École des Affaires Internationales de Paris (personnellement), puisque c'est un ami qui m'en a parlé (brièvement), dont le fils est en deuxième année ; l'enseignement est organisé autour du commerce international (principalement) ; la troisième année se passe à l'étranger (toujours) : l'école place ses étudiants dans des entreprises avec lesquelles elle passe une convention (sans problèmes). A la fin de leur troisième année, et donc de leurs études, certains étudiants restent à l'étranger où ils décrochent un contrat (d'ailleurs, très souvent, facilement). D'après cet ami, c'est une bonne école, intéressante parce qu'elle privilégie les contacts avec l'étranger (particulièrement) : en effet, des soirées internationales sont organisées (tous les mois) ; des conférences, des exposés sont proposés aux étudiants de toutes les années (très fréquemment). Des spécialistes du commerce international sont invités à des « tables rondes » pour présenter différents aspects (mensuellement). Voilà ce que m'a indiqué cet ami (brièvement).

Je te conseille de prendre contact avec le secrétariat de cette école (le plus vite possible). Essaie de connaître les modalités d'inscription, les débouchés (précisément). Je dois revoir cet ami à l'occasion d'un congrès (prochainement).

Je t'embrasse

Ton père

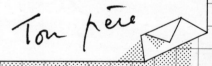

Henri Devin a relevé l'historique de la société MATADOR. Complétez-le.

— En 1956 un atelier de 50 m^2 (acheter)   par
   M. Ulysse Grossous dans la banlieue de Grenoble : des
   brosses métalliques y (fabriquer)   ;

— En 1962 la société MATA (créer)   ; le petit
   atelier (transférer)   à Grenoble, où la
   célèbre BROSSE-TOUT (inventer)   .

— En 1969, les locaux ne suffisant plus, ils (transférer)
           à Voiron, la fabrication de brosses
   (réduire)   au bénéfice des robots ménagers qui (exporter)   vers tous les pays
   européens.

— En 1976 la société MATA (transformer)   en
   SARL MATADOR.

— En 1979, la société concurrente ROBEX (absorber)
          par MATADOR. Une filiale (implanter)
         en Suède.

— En 1981 deux nouvelles filiales (implanter)
   en Allemagne Fédérale.

— En 1982 les marchés américain et canadien (attaquer)
        .

— En 1988, 800 personnes (employer)   dans
   six usines et le chiffre d'affaires des exportations (doubler)
        .

**H. Devin découvre une publicité sur un produit qui l'intéresse. Il en note
les caractéristiques sur son carnet.**

Caractéristiques du M 100

— performant   — spécial
— puissant   — dur
— résistant   — élégant
— fiable   — compétitif

Retrouvez le texte publicitaire en utilisant les caractéristiques notées par H.D.

Les perf   du M 100 sont très hautes.
Sa res   a été testée.

Dans le bâtiment, sa fiab   est parfaite.

La dur   et la puiss   du

M 100 n'enlèvent rien à son él   .

Le M 100 est la spécia   de notre société et

sa compét   n'est plus à démontrer !

H.D. se renseigne sur la société qui fabrique ce produit et voici ce qu'il note :

— transporte *des marchandises et les* livre *rapidement.*

— standardise *ses produits afin de satisfaire le grand public.*

— applique *les principes de la concurrence.*

— réalise *de grands projets à l'étranger en* transférant *des* technologies.

— *est en train de* construire *un barrage au Sénégal.*

Retracez l'activité de la société BINDER à l'aide des notes de H.D.

Faites appel à la société BINDER, car sa politique de transp   et de livr   est effi- cace ; la stand   de ses produits « grand public » est désormais connue ; l'applic   des principes de la concurrence confirme sa haute compétitivité. La société BINDER participe depuis de longues années à la réal   de grands projets à l'étranger ; elle a été choisie pour la constr   d'un barrage au Sénégal ; enfin, elle s'occupe aussi de transf   de technologies.

<u>NOTES JOURNALIÈRES</u>

CES, SES

J'ai rencontré Mc Allen :   arguments sont intéressants, et   prix peuvent être négociés.

Je n'aime pas trop   commerciaux qui sont trop vite prêts à réduire leurs tarifs.

Mc Allen est précis,   informations sont claires, manières sobres ; j'attends   propositions.

Ce sont   hommes-là qui font de bons commerciaux.

130

Quelques qualités d'un bon vendeur, à mon avis.

— _Savoir   présenter,   introduire._

— _Savoir   servir du téléphone._

— _Savoir   constituer un fichier,   qui suppose d'aller_
renseigner dans tous les services ou organismes qui
disposent de listes, de statistiques.

— _Savoir   faire une idée des besoins du futur client._

— _Valoriser le client,   qui signifie accentuer ses difficul-_
tés, et présenter son produit comme seule solution aux
problèmes du client.

—   _plier, dans un premier temps, aux exigences du_
client.

— _Savoir   allier les décideurs et les utilisateurs du_
produit,   qui suppose de rencontrer et de persuader
chacun ;   n'est parfois pas très facile.

Rapport quotidien
de l'agent Beurck

H-D

Ce qu'il a fait :
- date
- lieu
- contacts
- déplacements

Commentaires sur ses
activités / sur ses résultats
commerciaux :

131

à vous de parler

Les bureaux de l'entreprise ASTREM, filiale de CAP, à Vénissieux.

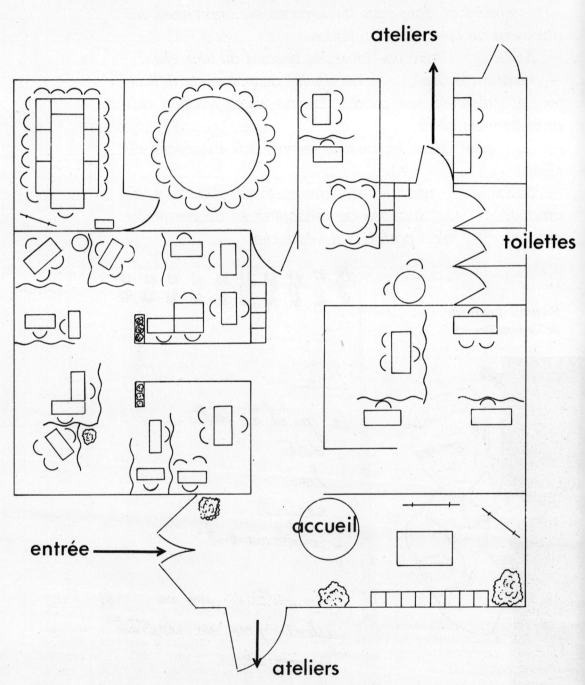

LE PERSONNEL DE L'ENTREPRISE ASTREM

Administration : 14 personnes
Fabrication : 80 personnes

1. DIRECTION GÉNÉRALE
Madame Danièle Laury-Chanson,
Directrice
Mademoiselle Nicole Berger,
Secrétaire de direction

2. SERVICES FINANCIER ET ADMINISTRATIF
Monsieur Marcel Lambert,
Chef-comptable
Monsieur Jean-Paul Hanin,
Aide-comptable
Madame Claudine Marin,
Secrétaire comptable

3. SERVICE DU PERSONNEL
Monsieur Luc Vannier,

Chef du personnel
Madame Carole Blantier,
Secrétaire

4. SERVICE COMMERCIAL
Madame Georgette Leblay,
Chef de service (ventes, publicité, marketing)
Monsieur Maurice Gauthier,
Représentant
Madame Lucette Rouger,
Secrétaire, dessinatrice

5. SERVICE TECHNIQUE
Monsieur François Walter,
Chef d'atelier (isolants plastiques)
Monsieur Marc Granier,
Contremaître (fabrication)
Monsieur Bernard Pierre,
Contremaître (garage et entretien)

INSTALLATION D'UNE MACHINE À BOISSONS

— La Directrice Générale envisage d'installer une machine à boissons dans les locaux administratifs de l'entreprise (dont elle vient de prendre la direction). Cette installation lui fournit l'occasion de connaître plus précisément le personnel de la société ; elle demande au personnel (responsables des services administratifs) de lui faire parvenir une étude sur l'endroit et le type d'appareil appropriés.
Elle réunit le personnel et l'invite à participer à cette étude...

— Vous êtes membre du personnel de la société ASTREM (services administratifs).
Vous êtes convié, par note de la directrice, à présenter une étude sur la mise en place d'une machine à boissons (lieu et type de matériel).

Vous vous réunissez par catégorie (commerciaux, administratifs, fabrication, par exemple), afin d'exposer les conclusions de votre étude.

FRAIS EXCESSIFS...

Madame Laury-Chanson constate une augmentation déraisonnable des

— frais de téléphone
— frais de copie
— frais de matériel de bureau

Elle convoque tout le personnel administratif à une réunion pour envisager les moyens de réduction de ces coûts.
Auparavant, elle demande à chacun de lui présenter un état précis de l'utilisation du téléphone, de la photocopieuse, du matériel de bureau.

Quant à elle, elle prépare un état financier pour la réunion.

La réunion a lieu avec la directrice et le personnel administratif ; les informations sont données par chacun et analysées ; les solutions de réduction des coûts sont recherchées et feront l'objet d'un compte rendu de séance.

H.D lit cet article ; puis il le résume.

DANS UNE STRATÉGIE MARKETING, FAUT-IL PARTIR DU *CLIENT* OU DU *PRODUIT* ?

En matière de produit, on peut parler de produits banals, de produits déterminants dans la production et enfin de produits stratégiques.

Dans le 1er cas, l'acheteur ne court aucun risque, ou un risque négligeable ; dans les autres cas, le risque est plus élevé, et parfois, même très élevé.

L'ACHETEUR FACE AU PRODUIT.

Les produits banals, ceux de consommation très courante, sont achetés sans hésitation, presque quotidiennement ; le seul critère de choix semble être celui de la compétitivité.

Pour ce qui concerne les produits déterminants dans la production, l'acheteur est beaucoup plus exigeant quant à la qualité du service et celle de l'assistance. Le choix se fait principalement sur des produits fiables et adaptés, et l'acheteur tient dans ce cas-là à établir des relations suivies de coopération avec le fournisseur afin de partager les risques.

Pour les « produits stratégiques », à haut risque, l'acheteur, tout d'abord, a besoin d'être bien informé sur les possibilités du marché, car il doit tenir compte de nombreux paramètres avant de faire son choix. Par ailleurs, l'acheteur ne souhaitant pas prendre le risque tout seul, recherche des appuis à l'extérieur ; ensuite le processus même de l'achat comporte de nombreuses phases car il doit s'appuyer sur des calculs de rentabilité et sur l'analyse formelle des différentes offres. Chacune de ces étapes sera enfin soumise à des contrôles stricts afin de ne laisser aucune place à l'hypothèse et à la probabilité.

LA STRATÉGIE DU FOURNISSEUR.

Pour les produits banals, le fournisseur doit déterminer au mieux sa politique de prix et faire en sorte de comprimer au maximum ses coûts administratifs et commerciaux et de réduire ses coûts de production ; il peut aussi, tout en recherchant la compétitivité sur le marché, augmenter le volume de sa production.

Dans le cadre de sa politique des prix, le fournisseur doit limiter ses frais de distribution, en particulier en sous-traitant la diffusion de ses produits avec un réseau de distributeurs indépendants ; ainsi, tout en allégeant ses frais de distribution, le fournisseur peut couvrir une part maximale du marché.

En ce qui concerne les « produits déterminants dans la production », le fournisseur est tenu de contrôler très sérieusement leurs qualité et finition, tout en mettant en place des systèmes qui accroissent la qualité du service, et qui coordonnent parfaitement les aspects techniques et commerciaux de la vente de ces produits ; en effet, les problèmes de délais doivent être inexistants. Par ailleurs, le fournisseur doit développer une politique de relations à long terme et de suivi de la clientèle ; le fournisseur doit pouvoir adapter ses produits aux besoins de ses clients également importants.

De plus, la vente de « produits stratégiques » impose au fournisseur de développer particulièrement ses systèmes d'information. Les besoins du client doivent être très rapidement et très finement déterminés, afin d'orienter la production ; des relations étroites et suivies, des contacts quasi permanents doivent être mis en place ; enfin, le fournisseur ne peut se permettre de bluffer : les faiblesses de son produit doivent être connues et reconnues.

S.M.

Henri Devin entend ces courtes informations ; elles l'intéressent ; il note dans son agenda :

Le texte correspondant à l'enregistrement figure en page 138.

1. FORUM INCOM

Pour qui : _____ où : _____ quand : _____

2. APPELS D'OFFRES

Algérie

L'appel d'offres porte sur :

(A) la création de routes ☐
la modernisation de routes ☐

(B) routes départementales ☐
nationales ☐
régionales ☐

(C) longueur des travaux :
113 km ☐   115 km ☐   105 km ☐

(D) nombre d'ouvrages d'art :
5 km ☐   15 km ☐   7 km ☐

(E) réception des dossiers de candidature
au ministère de l'équipement ☐
au ministère des Travaux Publics ☐
au ministère des Communications ☐

Cameroun

L'appel d'offres porte sur :

(A) la construction de centres d'enseignement ☐

l'aménagement extérieur de centres d'enseignement ☐

l'équipement intérieur de centres d'enseignement ☐

(B) il s'agit de centres d'enseignement
ménager ☐   technologique ☐
secondaire ☐   industriel ☐
rural ☐

(C) les candidatures seront soumises avant le 15/3 à la
direction générale de l'équipement ☐
direction nationale des marchés ☐
direction centrale des marchés ☐

3. ACTIVITÉS, MARCHÉS ET PRODUITS PORTEURS DANS LES ANNÉES 90

Objet :

où : _____

salon ☐   congrès ☐   conférence ☐

4. SISBO

congrès ☐   foire ☐   salon ☐
national ☐   international ☐   régional ☐

où : _____

objet : _____

1 • *Vous connaissez notre produit « tous supports » ?*

- Non, je ne connais pas ce produit-là.

- Vous avez pris contact avec la société UKT ?
- Mangin fera un rapport sur les filiales japonaises ?
- Les Européens se sont mis d'accord sur la question de la pollution du Rhin ?
- La Banque Mondiale financera les travaux sur le Nil ?
- Thomson pense réduire sa participation dans la firme AOC ?

2 • *La diffusion de ce produit nécessite un gros investissement ?*

- Oui, pour diffuser ce produit, il faut beaucoup investir.

- La gestion de ce nouveau service nécessite l'informatisation des tâches ?
- La restitution de ce dossier nécessite un contrôle des informations ?
- L'achèvement de ce projet suppose l'arrêt des négociations ?
- La nationalisation de ces deux sociétés nécessite le remboursement des actionnaires ?
- La simplification de ces tâches suppose la reconstruction de la machine ?

3 • *Vous vous êtes associés avec CAP ?*

- Non, nous ne nous sommes pas encore associés avec CAP.

- Ils se sont téléphoné au sujet du prochain congrès ?
- Vous vous êtes échangé des informations sur cette affaire ?
- Les établissements FOURNIER se sont équipés en matériel informatique ?

- A la Bourse de Paris, les cours du charbon se sont effondrés ?
- Vous vous êtes consultés pour l'achat des machines ?
- Vous vous êtes souhaité bonne chance ?

4 • *Vous me ferez livrer les échantillons, n'est-ce pas ?*

- Oui, il faut que je vous fasse livrer les échantillons.

- Vous prendrez ce document avec vous, n'est-ce pas ?
- Vous transmettrez ce message au Président, n'est-ce pas ?
- Les délégués enverront leurs suggestions au directeur, n'est-ce pas ?
- Vous suivrez la voie hiérarchique, n'est-ce pas ?
- Vous investirez dans l'alimentation, n'est-ce pas ?
- Tu rendras ce dossier à la secrétaire, n'est-ce pas ?

5 • *Diffuser vos produits à l'étranger est indispensable, n'est-ce pas ?*

- Oui, il est indispensable, que nous diffusions nos produits à l'étranger.

- Varier vos supports est nécessaire, n'est-ce pas ?
- Vous spécialiser dans le petit électroménager est probable, n'est-ce pas ?
- Investir dans une nouvelle agence est possible, n'est-ce pas ?
- Réduire vos délais de livraison n'est pas possible, n'est-ce pas ?
- Avertir vos correspondants étrangers est souhaitable, n'est-ce pas ?
- Communiquer vos résultats à la maison mère est normal, n'est-ce pas ?

6 ● *Il doit partir absolument ce soir !*
   - *Je ne veux pas qu'il <u>parte</u> ce soir !*

   - Ils doivent absolument réunir tous les commerciaux !
   - Elle doit absolument rédiger cette synthèse pour demain !
   - Ils doivent absolument résoudre ce problème tout seuls !
   - Elle doit absolument répondre positivement à ce client !
   - Il doit absolument signer cette convention, avant mardi !
   - Les agences doivent absolument remettre leurs bilans jeudi prochain !

7 ● *Il faut changer tes devises ; sinon tu perdras de l'argent !*
   - *Je sais bien qu'il faut changer mes devises <u>de peur que</u> je ne <u>perde</u> de l'argent.*

   ● *Vous devriez téléphoner en Allemagne ; nos clients auraient des informations précises !*
   - *Je sais bien que nous devrions téléphoner en Allemagne <u>pour que</u> nos clients <u>aient</u> des informations précises.*

   - Il faut faire de la publicité ; ainsi vos ventes augmenteront !
   - Tu devrais accepter cette mission ; sinon le directeur enverra quelqu'un d'autre.

   - Vous devriez réduire vos frais administratifs ; ainsi vos charges seraient moins importantes.
   - Il faut acheter cette machine ; ainsi la production se développera.
   - Tu devrais refuser cette décision ; sinon les succursales réagiront violemment.
   - Il faut aménager ces machines ; sinon nous serons contrôlés !

8 ● *J'aimerais vous présenter ce produit ce soir.*
   - *<u>Pourriez-vous</u> me le présenter avant ce <u>soir</u> ?*

   - La secrétaire voudrait te rendre ces dossiers demain.
   - Nos collègues de Lyon souhaiteraient nous présenter leur chiffre d'affaires à la prochaine réunion.
   - Les directeurs des agences pour l'emploi aimeraient vous communiquer les demandes samedi prochain.
   - Le chef d'atelier souhaiterait te montrer la nouvelle gamme demain matin.
   - Les chefs de chantier voudraient nous remettre les suggestions des ouvriers la semaine prochaine.
   - La responsable à l'exportation désirerait vous fournir les tout derniers chiffres ce soir.

Ce texte correspond aux questions page 135.

RENDEZ-VOUS PROFESSIONNELS

1 — 3ᵉ Forum Incom (Paris)

Cette manifestation permettra aux associations et aux entreprises organisatrices de congrès, de réunions, de séminaires et de voyages promotionnels de faire le point face à la nouvelle situation législative et réglementaire.

A Paris, les 18 et 19 février. Sepic-Forum-Incom, 40, rue du Colisée, 75381 Paris Cedex 08. Tél. : 43-59-10-30. Télex : 640 450 F.

2 - Appels d'offres

ALGÉRIE

Travaux routiers

Présélection d'entreprises pour la modernisation des routes nationales RN 43 et 27 entre El Kennar et Constantine (113 km de route et quinze grands ouvrages d'art représentant une longueur cumulée de 920 m).

Les candidatures seront reçues jusqu'au 10 mars au ministère des Travaux publics, 135, rue Didouche-Mourad, Alger. Le dossier de présélection est à demander à M. le Directeur des infrastructures de base de la Wilaya de Jijel.

CAMEROUN

Matériels pour centres d'enseignement

Fourniture et installation en treize lots de matériels et outillages destinés à l'équipement de centres d'enseignement ménager, rural et de technique industrielle.

Les soumissions doivent parvenir avant le 15 mars à la Direction centrale des marchés, présidence de la République, BP 1970, Yaoundé.

Le dossier d'appel d'offres peut être consulté au Service d'information des Communautés européennes, 61, rue des Belles-Feuilles, 75782 Paris Cedex 16.

3 — Activités, marchés et produits porteurs dans les années 90 (Lyon)

Peut-on encore entreprendre aujourd'hui, et dans quels domaines ? Existe-t-il des secteurs porteurs, des concepts de produits originaux, des opportunités permettant à une entreprise française de réaliser, en France, une croissance rapide et une bonne rentabilité ?

C'est à ces questions que répondront les participants à cette conférence.

4 — Sisbo (Toulouse)

Le Salon régional de l'informatique communication bureautique Midi-Pyrénées se tiendra à Toulouse du 23 au 26 février.

« Le Bulletin économique », 11, boulevard des Récollets, 31078 Toulouse. Tél. : 61.25.02.61.

dialogues

DE RETOUR A BRUXELLES

Compte rendu des négociations

H.D. — Le Directeur

LE DIRECTEUR : Alors Devin, on a fait bon voyage et on rapporte de bonnes nouvelles ?

HD : Excellentes Monsieur le Directeur, j'ai enfin trouvé ce que nous cherchons et je pense avoir négocié sur une base favorable à notre société.

LE DIRECTEUR : Pouvez-vous me préciser ce que vous appelez favorable ?

HD : Je veux dire que le produit isolant qu'il nous fallait sera pour nous d'un prix de revient très attractif et si je fais une analyse des frais : emballage usuel, fourniture des pièces administratives, transport à la gare expéditrice, assurances, déchargement, acquittement des droits et taxes de port et de mise à bord, droit et taxe de sortie, chargement à bord du navire, établissement de connaissement,...

LE DIRECTEUR : Devin, Devin ! Vous me parlerez plus tard des autres détails, pour le moment quelle est votre stratégie ?

HD : Monsieur le Directeur, avec ce produit, ses applications, son prix, sur le marché de Côte d'Ivoire où nous sommes en concurrence avec BTB de Hambourg, nous devenons largement meilleur marché, à moins qu'on nous prenne de vitesse...

LE DIRECTEUR : J'ose vous croire ! ! Ah Devin, si nous n'avions pas ces marchés extérieurs ! Vous savez, je doute que le marché domestique puisse fournir les moyens de l'expansion, et quand je vois nos concurrents intérieurs se borner à vendre la production locale, je ne comprends plus. Innovez, Devin, c'est un ordre, il faut innover.

Discussion technique

H.D. — Van Linden — Eddy Marquès

VAN LINDEN, chef du Service financier : Devin, tu dois en arrivant à Abidjan, insister sur les frais de port, de manutention, les frais de livraison. C'est très important. Insiste et estime-les correctement.

EDDY MARQUES, ingénieur technique : Tu sais que le stockage doit être parfait ; les produits sont bien conditionnés, mais tout doit être abrité quand il s'agit d'une immobilisation de longue durée.

HD : Je sais tout ça, mais ce sont des négociateurs très accrocheurs, ils voudront certainement des délais de paiement et nos intérêts bancaires risquent d'être lourds.

VL : Tu peux t'en sortir puisque tu nous as dit qu'ils veulent que les ouvrages soient terminés 3 mois avant la date conclue.

VL : Oui, je pense argumenter sur ce point puisque nous tiendrons les délais. Mangin m'a promis qu'à Lyon ils nous livreraient avec 6 mois d'avance. Il me réserve le stock.

EM : Ça c'est bien, tu as un atout en or pour faire pression.

VL : Bon, je t'ai préparé des listes de prix, des tableaux de coûts suivant les quantités et des évaluations de marges bénéficiaires, à toi de voir ce qui est compressible.

HD : Bon, maintenant il faut que j'y aille, je passerai un télex si j'ai besoin d'un renseignement et surtout si tout est d'accord et signé. Au revoir, vous verrez, on les construira ces 1 000 maisons, à bientôt !

à vous d'agir

1 **_Imaginez le dialogue entre :_**

— Monsieur et Madame Dupont
qui voudraient acheter un porte-parapluie ordi-
naire.

— Le vendeur
qui cherche à vendre un porte-parapluie en
faïence représentant un animal.

Composez des publicités radiodiffusées
de 20 à 40 secondes sur

LES PORTE-PARAPLUIES MANET

— une publicité passe à 13 h et l'autre à 23 h.
— une publicité passe au cours d'une émission
  de musique classique ;
— une publicité passe au cours d'une émission
  pour les jeunes.

2 *Imaginez le dialogue entre :*

— Monsieur Lambert,
  de la firme CRISTAL (Bouteilles et emballages).
— Monsieur Montmollin,
  de la Compagnie TROGNON (Jus de fruits).
— Madame Marchal,
  d'EXIMPORT, qui veut introduire
  le jus de pomme au Sénégal.

La négociation entre ces trois personnes devra porter sur la réduction des coûts (transport, type de fabrication, emballage, conditionnement, commission).

Rédigez le compte rendu de la réunion.

3 *Imaginez la négociation entre :*

— le PDG de CRAVOR
  (grossiste en cravates)
— le vendeur de CRAVOR,
— le client qui veut acheter un stock
  pour le distribuer dans ses trois boutiques.

Sachant que :

— le client veut faire baisser les prix
  (achat en quantité...).
— le PDG a peur que ce client ne soit pas
  solvable ; il exige des assurances
  (conditions de paiement...).
— le vendeur est très intéressé par cette
  vente. Sa commission en dépend.

Créez des slogans pour les cravates :

DOR - ARC-EN-CIEL - NUIT DE CHINE.

Préparez une réunion sur la création d'un bureau à Strasbourg.

On vous a chargé de rechercher un emplacement pour le bureau que votre société veut créer à Strasbourg.

Vous relisez les informations que vous avez obtenues au cours de votre voyage d'étude en Alsace afin de les présenter sous forme schématique à la réunion.

IMMOBILIER

Les bureaux à Strasbourg

L'« EUROPE », PLACE DES HALLES

Tout sous la main : l'immeuble de bureaux « Europe » est situé sur la place des Halles, dominant de ses dix-sept étages (12 000 m^2 de bureaux) un vaste centre commercial sur deux niveaux, des hôtels côtoyant le World Trade Center.

Avantages remarquables : l'immeuble est implanté au centre du Strasbourg moderne, mais à quelques minutes seulement de la vieille ville. Il est relié directement au réseau autoroutier par la pénétrante des Halles. La gare SNCF est à proximité. Parking privé et public en sous-sol.

Les équipements sont ceux d'un immeuble de grande hauteur : conditionnement d'air, service de sécurité permanent. Il reste environ 8 500 m^2 à vendre ou à louer, divisibles par lots de 65, 118, 180, 360 ou 719 m^2. On peut aménager quarante bureaux par étage. Deux batteries de trois ascenseurs desservent les étages. L'accès se fait par une place piétonnière sur laquelle débouchent les rues intérieures du centre commercial.

Loyer annuel, pour des locaux non cloisonnés : 420 F/m^2. Supplément annuel pour le cloisonnement éventuel : 65 F/m^2. Location annuelle de l'autocommutateur : 48 F/m^2. Charges : 250 F/m^2. Emplacement de parking : 2 640 F/an.

LE « WILSON »

Près de la gare SNCF et d'un échangeur autoroutier de la rocade de contournement de Strasbourg, à quelques pas de l'important centre commercial de la place des Halles, le « Wilson » est un immeuble neuf de six étages avec 6 500 m^2 de bureaux. 4 000 m^2 sont encore disponibles (lot minimum : 100 m^2). L'immeuble est de grand standing, la construction et l'aménagement sont soignés.

Le chauffage de l'ensemble des bureaux se fait par pompe à chaleur et convecteur électrique d'appoint. Les espaces verts sont aménagés autour du bâtiment, avec accès piétons.

L'aire de parking est souterraine. Un emplacement en location revient à 2 820 F/an.

Disponibilité immédiate.

Loyer avec locaux cloisonnés : 580 F/m^2. Charges : 100 F/m^2.

« LA MAISON ROUGE », PLACE KLÉBER

L'emplacement est prestigieux : la place Kléber est au cœur de la vieille ville. Tous les commerces, les hôtels et les restaurants sont à quelques minutes à pied. L'immeuble est récent, d'architecture contemporaine quoique respectant l'unité des façades anciennes

qui ceinturent la place. « La Maison rouge », sur un total de 3 500 m^2 de bureaux, peut encore en offrir 1 400 en location, du troisième au sixième étage. Les superficies sont divisibles en lots de 30 m^2.

Les niveaux inférieurs sont occupés par un centre com-

mercial de luxe, mais l'entrée des bureaux est indépendante. Les bureaux sont clairs, très fonctionnels, avec une isolation phonique renforcée. Service de sécurité permanent.

LE « GÉNÉRALI »

Au centre, à égale distance de la place Kléber et de la place Gutenberg, dans un édifice de grand standing d'architecture contemporaine, sont à louer diverses surfaces : aux cinquième, sixième et septième étages, 535 m^2 sur chaque niveau ; aux deuxième, troisième et quatrième étages, des surfaces allant de 125 à 177 m^2.

Les bureaux sont entièrement aménagés et climatisés. Service de gardiennage jusqu'à 20 heures, heure de fermeture de l'immeuble. Isolation phonique très bonne. Le cloisonnement se fait selon la de-

Disponibilité immédiate pour les bureaux paysagers ; deux mois si des cloisons sont à installer. Grand parking public souterrain proche.

mande du preneur, aux frais du propriétaire.

Parkings privatifs disponibles en sous-sol.

Loyer annuel : 180 à 280 F/m^2 suivant la situation. Charges : 250 F/m^2.

Loyer : 350 F/m^2. Charges : 175 F/m^2. Emplacement de parking : 3 000 F/an. Disponibilité immédiate.

LE « ZURICH », PLACE DU CORBEAU

Dans les remarquables quartiers anciens de ville historique, dans un environnement de charme, le « Zurich » est un immeuble ancien rénové dans le respect de l'architecture d'origine. 1 000 m^2 sont disponibles en location sur trois niveaux, avec des prestations de luxe. Les bureaux sont complètement aménagés, le chauffage comporte une pompe à chaleur.

Loyer : 600 F/m^2 pour les bureaux situés dans le bâtiment principal ; 450 F/m^2 dans l'édifice annexe. Charges : 100 F/m^2.

L'Usine Nouvelle — TERTIEL, juin 1984

à vous d'écrire

le 12 octobre

SUBSTANTIFS TERMINÉS EN - É ,- ÉE , - IÉ

— *Je viens de lire une publicit   sur la sociét   DE-CHINDUS qui commercialise des chaudières brûlant toutes sortes de déchets ; la facilit   d'obtention du combustible et son originalit   pourraient intéresser nos clients finlandais ;*

— *La moit   des investissements de la sociét   DUR-MOL n'a eu aucun rendement.*

— *Les banques sont de plus en plus réticentes à offrir des facilit   financières ;*

— *L'amit   qui nous lie à ce monsieur nous permettra de trouver une solution.*

— *Une arm   de petits patrons a défilé hier à Paris.*

— *Nous avons malheureusement constaté l'insolvabilit   de certains de nos clients.*

QU'ELLE, QUEL, QUELLE, QUELS, QUELLES...

— *Il faudra que j'écrive bientôt à Linda pour   prenne contact sur place avec Beate et   lui demande   sont les bureaux d'architecture qui ont travaillé pour le Liban ; j'aimerais   m'envoie cette liste rapidement et   m'indique :*

-      *est le plus gros bureau*
-      *sont les firmes pour les   ce bureau a travaillé.*
-      *est la personne à contacter.*
-      *est le budget de chaque opération.*
- *avec   difficultés ces opérations ont pu être menées.*

147

Je pense que Beate, sans   se sente trop contrainte, pourra fournir ces renseignements à Linda et   ne tarderont pas, l'une et l'autre à me donner de leurs nouvelles, soient.

Il (paraître, présent)   que les Japonais (reconnaître, présent)   que leurs tarifs sont ultra-compétitifs ; dans un proche avenir, leur production (s'accroître, futur)   tellement qu'ils développeront encore plus leurs exportations, et les Européens (connaître, futur)   encore plus de difficultés pour écouler leurs propres produits.

Pour la réunion du 4/12, il nous faudra un interprète (portugais) :

En effet, nous recevons une délégation (brésilien) :

Nous lui présenterons les résultats de nos essais d'isolation (thermique) :

Il faudra peut-être que nous changions le mobilier du secrétariat.
Les fabricants tiennent de plus en plus compte de l'aspect décoratif du mobilier et de son confort :
- Armoire à panneaux (multicolore) :
- Chaises à siège et dossier (réglable) :
- Bureaux (fonctionnel) :
- Rangements pour dossiers (suspendu) :
- Garnitures de couleur (vif) :

— Je ne pourrai pas participer à la fête de l'École de Frédéric, à moins que mon voyage à l'étranger ne (être remis)   à plus tard.

— Linda est stupide de ne pas accepter ce stage chez ARCHIBURO, à Düsseldorf ! A supposer qu'ils (vouloir) _____ la garder pour une période de six mois ou plus, ce serait pour elle l'occasion d'entrer dans la profession ; elle pourrait donner son accord, même si ça ne l'(enchanter) _____ guère de déménager en Allemagne ! Ah ces filles ! Elle s'obstine à refuser pour l'instant sous prétexte que son petit ami (résider) _____ à Bruxelles, alors que la situation d'emploi (être) _____ loin d'être brillante et qu'il (valoir) _____ mieux s'assurer un bon départ dans la vie professionnelle.

CE QUI/CE QUE

_____ me surprend chez Linda, c'est la contradiction entre le fait qu'elle fasse tout _____ 'elle peut pour atteindre _____ 'elle a décidé de faire, pour réaliser _____ l'intéresse, et son amour du confort, presque de la paresse ; en effet, si parfois _____ la motive à progresser, à atteindre le but fixé, l'empêche de faire _____ 'elle aime, par ailleurs, elle perd son dynamisme, elle se laisse aller à _____ est facile, à _____ la satisfait immédiatement, même si _____ elle avait décidé de réaliser, est beaucoup plus valorisant à long terme ! Quelle fille !

À/AU/EN

— Linda va _____ Canada, _____ Montréal, pour un congrès. Ensuite elle partira _____ Mexique, pour rendre visite à une de ses amies ; elle séjournera une semaine _____ Mexico ; elle m'a dit qu'elles essaieraient d'aller _____ Texas, _____ Houston pour visiter le High Institute of Technology. J'espère que Linda reviendra _____ Europe.

149

L'agent Beurck note
les activités de H.D.

Activités de H.D.
le
à

à vous de parler

ROUTE · EXPORT · FRANCE
AFTRI 84·85

Ce sceau veut dire ceci :

La concurrence internationale est plus rude que jamais. Pour que la France soit forte, il faut qu'elle s'exporte. Et pour qu'elle s'exporte bien, il faut qu'elle se transporte bien.

Voilà pourquoi les transporteurs routiers signent une charte de qualité du transport international.

Voilà pourquoi, ensemble, ils créent "A.F.T.R.I. ROUTE - EXPORT - FRANCE."

En 12 points, du départ à l'arrivée, ils garantissent aux exportateurs français la valorisation constante de leurs produits.

En un mot comme en cent, ils parlent de succès aux exportateurs français.

1. A   les réglementations internationales qui régissent les opérations de transport et à faire jouer toutes les clauses contractuelles instituées par les conventions internationales prévoyant des garanties particulières.

2. A   les engagements pris dans le cadre d'une "lettre de voiture" conforme aux prescriptions de la Convention de GENÈVE C.M.R.

3. A   à la disposition de leurs clients le véhicule le plus adapté à la marchandise et à sa manutention, et conforme aux prescriptions techniques en vigueur.

4. A   à la bonne présentation de leurs véhicules autant qu'à leur entretien mécanique, valorisant ainsi l'image de marque à l'étranger de l'exportateur français qui leur a fait confiance.

5. A   les aménagements intérieurs du véhicule et assurer une surveillance pour que soient garanties les meilleures conditions de confort et de sécurité à la marchandise transportée.

6. A   aux transports internationaux un personnel compétent et expérimenté tant pour la conduite des véhicules que pour la préparation et le suivi du transport.

7. A   le transport au juste prix correspondant aux prestations demandées.

8. A   les opérations qui leur sont confiées dans les délais convenus.

9. A   et à proposer le régime douanier le plus simple et le mieux adapté à la marchandise et au transport.

10. A   leurs clients sur les conditions d'assurance couvrant le transport afin que ceux-ci puissent, s'ils le jugent nécessaire, compléter les garanties.

11. A   leurs clients du déroulement des opérations de transport et de livraison, et à demander les instructions à ceux-ci en cas de difficultés entravant leur cours normal.

12. A   bénéficier chaque client de son expérience et de celle des spécialistes de l'Association Française des Transporteurs Routiers Internationaux en matière de transport ou de commerce international.

Association Française des Transporteurs Routiers Internationaux

Les transporteurs routiers s'associent à la qualité de l'exportation.
A.F.T.R.I.

1 *Complétez le texte sur l'« Association Française des Transporteurs Routiers Internationaux » en utilisant les verbes ci-dessous.*

respecter	concrétiser
veiller	entretenir
affecter	effectuer
étudier	mettre
informer	exécuter
faire bénéficier	éclairer

Regroupez les garanties en catégories.

Vous devez vanter les mérites et les garanties de votre compagnie de transport auprès d'un gros client. Vous préparez votre discours et, pour être plus convaincant, vous vous entraînez en y mettant le ton.

— Assurance-transport
— Assurance-vie
— Assurance-maritime

2 *Henri Devin entend ce publi-reportage, sur la société « OTIS », il le comprend.*

Le texte correspondant à l'enregistrement figure en page 162.

1. Date de la création d'OTIS ?

   ☐ 1850   ☐ 1853   ☐ 1953

2. Nombre de passagers ?

   ☐ 10 millions   ☐ 20 millions   ☐ 30 millions

3. Nombre d'employés ?

   ☐ 1 000   ☐ 5 000   ☐ 6 000

4. En ce qui concerne la formation du personnel : nombre de centres à Paris et en province ?

   ☐ 3   ☐ 10   ☐ 30

5. Nombre d'usines dans le groupe ?

   ☐ 4   ☐ 2   ☐ 6

6. Pourcentage des ventes à l'export ?

   ☐ 25 %   ☐ 40 %   ☐ 50 %

LES PROFESSIONNELS DU PARTENARIAT FINANCIER

Organisme ou fonds	Champ d'action	Secteurs d'activité	Les quelques exemples	Types d'intervention	Montant d'investissement moyen	Durée de l'engagement
Banques à vocation d'affaires	National	Tous secteurs	Indosuez Banexi Banque Worms Paribas	Deux types d'interventions : — Faire du portage (prise de participation pendant une très courte période, soit en attente d'entrée sur le marché boursier, soit lors de problèmes de succession, par exemple). — Prise de participation financière, généralement dans des entreprises à faible niveau de risque (moyennes, grandes).	Très élevé	Quelconque
Fonds commun de placement à risques	National	Selon le fonds parfois spécificité sectorielle	Investissement risque n° 1 Codific Alan Patricoff Associés	— Investir au moins 40 % du portefeuille du fonds dans des titres de sociétés non cotées, selon la spécificité du fonds : • Prise de participation dans des entreprises de haute technologie en forte expansion ; • Aider financièrement la reprise d'entreprise par ses cadres ; • Investir dans des sociétés moyennes désireuses de s'introduire sur le second marché.	Moins de 4 millions de francs	Moins de dix ans (durée de vie légale du fonds)
Organismes de participations temporaires	National	Tous secteurs	Charterhouse IDI/Codif Sopromec-IDI Sofindas (assurances)	— Prendre des participations minoritaires pour soutenir le développement d'entreprises capables de rémunérer des capitaux à très court terme et à niveau de risque limité ; — Aider des entreprises qui connaissent des difficultés passagères (IDI dans des cas exceptionnels).	— 500 KF pour Sopromodec-IDI De 500 à 20 000 KF (IDI) — De 1 000 KF à 6 000 KF (Charter-house et Sofindas)	Quelconque
	National	Industries agricoles Composants automobiles Machines et outillages	Idia Idica Sofirind	— Aides au soutien et au développement du secteur industriel concerné, afin de l'aider à la compétitivité internationale de l'industrie française (Idica) ou de soutenir temporairement un secteur en difficulté (Sofirino).	De l'ordre de 2 millions de francs	Limitée
	Régional	Tous secteurs industriels	Sofimac (Clermont-Ferrand) IAD (Marseille) VIF (Épinal)	— Aider à la création d'entreprises ou au développement d'entreprises locales ; — Intervenir en dessous du niveau des SDR soit par prise de participations minoritaires et temporaires, soit sous forme de prêt participatif ; — Sortir de l'entreprise par la cession ultérieure des parts aux fondateurs.	Moins de 120 KF	Courte si possible, quatre ans en moyenne
Sociétés de développement régional	Régional	Tous secteurs	Sofiparil SDR (15)	— Aider au développement des entreprises régionales en prenant des participations minoritaires (moins de 35 % en capital ou sous forme d'obligations convertibles). — Soutenir des entreprises en difficulté.	Moins de 1 million de francs	Quelconque
Instituts de participation régionaux	Régional	Tous secteurs	Auxitex IPO Siparex	— Apporter des fonds propres aux entreprises en expansion, petites ou moyennes : • Soit pour aider au désengagement de partenaires minoritaires ; • Soit en vue de porter l'entreprise à terme sur le second marché.	De 500 KF à 1 million de francs pour les instituts de participation	Courte si possible
Organismes de reconversion	Local	Tous secteurs	Sofirem (Charbonnages de France) Cebadour (Elf-Aquitaine)	— Financer en fonds propres l'implantation dans des zones de restructuration des groupes industriels, d'entreprises nouvelles ou aider au développement sur ces pôles d'entreprises existantes en vue de résorber les diminutions d'emplois des grands groupes.	De l'ordre de 1 million de francs	Quelconque
Les société financières d'innovation (SFI)	National	De préférence, les secteurs industriels de pointe	Sofinnova Soginnove Épicéa	— Prendre les participations dans des entreprises industrielles et commerciales en phase de démarrage pour financer des projets d'innovation technologique (secteurs de pointe). • Assister ces entreprises pour l'évaluation des projets et leur mise en œuvre stratégique (réseau de relations, études de marché, conseil en stratégie). • Réaliser à moyen terme des plus-values en capital, si possible lors de l'entrée de l'entreprise au second marché.	De 500 KF à 2 millions de francs	Courte si possible
	Régional	De préférence, les secteurs industriels de pointe	Sudinova (Lyon) Inovest (Strasbourg)		Moins de 1 million de francs	Courte
	National	Industries agricoles, bâtiment, électrique et électronique	Agrinova Idianova Batinnova Finovectron Sofinetti Électrinova		De l'ordre de 1 million de francs jusqu'à 7,5 millions de francs (Finovelec)	Courte si possible, quatre à six ans
Les filiales financières des groupes industriels	National	Secteurs de pointe	Inovelf Olivetti (division stratégie et développement)	— Prendre des participations minoritaires dans le capital de PME qui développent des produits industriels innovants dans le domaine de la buratique (Olivetti), des biotechnologies, de la pharmacie ou des énergies nouvelles (Inovelf) ; — Faire bénéficier ces entreprises du circuit de distribution de la grande entreprise (Olivetti) ou des travaux de recherche (Inovelf).	Jusqu'à 2 millions de francs	Sortie non souhaitée
Établissement financier pour l'exportation	National et international	Tous secteurs	Sofinindex	— Prendre des participations dans des affaires de taille moyenne pour soutenir leur développement international ; — Investir soit en France pour soutenir les exportations, soit à l'étranger pour financer l'implantation de filiales dans les pays industrialisés (États-Unis, CEE, Japon).	De 1 à 2 millions de francs	De l'ordre de quatre ou six ans

L'Usine Nouvelle, Tertiel, juin 1984.

153

3 Trouvez d'autres mots de la même famille que :

- participer   - innover
- minoritaires   - céder
- créer   - implantation
- investir   - évaluation

Décrivez - expliquez.

- « une entreprise en forte expansion »

_____

_____

_____

- « des capitaux à court terme »

_____

_____

_____

- « le second marché »

_____

_____

_____

- « des capitaux à niveau de risque élevé »

_____

_____

_____

informez-vous

1 *Henri Devin lit cet article dans « L'Usine Nouvelle ».*

LA MÉTHODE SOFINNOVA ACHETER - VENDRE - GÉRER

Il y a de l'argent à gagner aux États-Unis pour les entreprises françaises spécialisées dans les secteurs à haute technologie. C'est un truisme, si l'on se fonde simplement sur la part prépondérante qu'occupe le marché nord-américain dans ces secteurs (de 50 à 75 %, selon les cas). Nombreuses sont les sociétés françaises qui songent à l'implantation outre-Atlantique, voire qui l'ont tentée. Avec des fortunes diverses. Car, dans les techniques de pointe, l'aventure américaine se double d'un risque d'obsolescence technologique.

Le risque c'est justement la spécialité de la Sofinnova, un des premiers groupes européens de « Venture capital », qui a implanté dès 1974 une filiale à San Francisco. Laquelle gère — avec son partenaire Burr, Egan, Deleage and Co (Bedco) — environ pour 50 millions de dollars et compte dans ses quatre-vingts investissements quelques « success stories » comme Tandon, Printronics ou Tandem. Dix ans d'activité dans la capitale à risques, tant en France qu'aux États-Unis, particulièrement dans la Silicon Valley, confèrent à la Sofinnova une expérience précieuse.

Sans pour autant abandonner sa principale activité, elle a songé à valoriser autrement ce capital en faisant profiter non seulement ses affiliés, mais l'ensemble des industriels français tentés par l'expérience franco-américaine. Ce faisant, elle réussit d'une pierre deux coups : techniquement, la Sofinnova sera associée plus étroitement aux développements les plus avancés ; et financièrement, elle peut espérer trouver de nouveaux clients.

L'idée est simple : tirer parti de la somme d'informations et du réseau de relations techniques, financières ou humaines de sa filiale californienne, la Sofinnova Inc., pour conseiller et aider les industriels français. Ainsi, pour la première fois, une partie des 20 millions de dollars du dernier fonds de venture capital levé cette année est réservée aux seules opérations croisées de transferts de technologies. Une structure à deux faces a été mise en place à cet effet : Jean Fonteneau est chargé des dossiers français aux États-Unis, tandis que Jacques Vallée, son correspondant à San Francisco, s'occupe des sociétés américaines cherchant à s'implanter en France. Ces opérations croisées peuvent prendre différentes formes : simple distribution de produits, (cas le plus rare), accord de partenariat, création de filiales de l'autre côté de l'Atlantique, ou de filiales communes de deux sociétés.

LA SOFINNOVA N'INTERVIENT PAS DANS LA GESTION

« Il existe, en France, des sociétés qui ont des produits ou des ingénieurs détenteurs d'une idée et qui veulent créer leur entreprise », observe Jean Fonteneau. Mais, en informatique ou en électronique, le marché français (et même européen) est trop étroit la plupart du temps. Jean Fonteneau voit un autre intérêt à l'association avec des entreprises américaines : « C'est la chance à saisir pour rester dans la course, car ce sont elles qui détiennent la primauté dans l'innovation. »

Initiée il y a quelques mois, l'opération Sofinnova porte déjà ses premiers fruits. « J'ai trente-cinq dossiers à l'étude, explique Jean Fonteneau, dont

155

plusieurs déboucheront en 1984. » Beaucoup de PME — puisque le système a surtout été conçu pour elles —, mais aussi des filiales de grands groupes sur le nom desquelles on reste discret à la Sofinnova. Le premier exemple est constitué par la société Syseca, filiale informatiuqe de Thomson-CSF, qui vient de signer un accord technique et commercial avec Advanced Computer Technics. Avec l'aide de la Sofinnova, deux filiales vont naître de chaque côté de l'Atlantique, permettant ainsi à Syseca d'aborder le marché des progiciels pour micro-ordinateurs, dont on prévoit un développement exceptionnel dans les années à venir.

Si la Syseca est un bon exemple, il n'y a pas de cas type, et la Sofinnova examine toutes les demandes, pourvu qu'il s'agisse de technologie de pointe (informatique, électronique ou télécommunication essentiellement). Pour accepter un dossier, Jean Fonteneau se fonde d'abord sur sa propre expérience (quinze ans dans l'électronique : depuis Thomson jusqu'à la Dieli, où il était le chargé de mission pour la micro et la mini-informatique) et sur les compétences des experts qui l'entourent. L'étude du « business plan » compte autant que la connaissance des hommes : « L'idéal, c'est la "troïka", qu'on retrouve fréquemment aux États-Unis : un technicien, un homme de marketing et un financier. En France, on a encore trop souvent affaire à une personne seule pour défendre un projet. » Chaque dossier est un cas particulier, pour lequel la Sofinnova recherche la meilleure formule, en liaison avec sa filiale californienne.

Jean-Bernard Schmidt, président de Sofinnova Inc., précise : « Notre première tâche est constituée par du marketing pur : savoir qui seront les premiers clients, à quel moment la société sera rentable, comment attirer l'attention du réseau de distribution américain sur le produit. Une seule méthode : la prise de contact avec les clients potentiels, ainsi qu'avec les fournisseurs d'une éventuelle filiale implantée aux États-Unis. »

Le meilleur baromètre pour juger de la situation... En cas d'hypothèse favorable, reste à organiser l'investissement. « Si on veut réussir aux États-Unis, souligne Jean Fonteneau, ce n'est pas toujours une bonne chose que d'être majoritaire. Les "venture capitalists" américains n'aiment guère se contenter d'une petite part... ».

Quoi qu'il en soit, la Sofinnova et ses associés n'interviennent pas dans la gestion, limitant leur action au financement d'une filiale d'un côté (ou sur les deux rivages) de l'Atlantique et à une présence au sein du conseil d'administration. La participation de Sofinnova au capital de ces filiales oscille entre 10 et 40 %.

A terme, le but est de parvenir à associer assez étroitement les sociétés françaises et américaines pour permettre l'échange de personnel entre filiales ou partenaires. Le plus intéressant pour un industriel français est de réussir à créer une ligne de production et un centre de recherche aux États-Unis mêmes, avec lesquels il collaborera en vue d'une meilleure optimisation des produits aux contraintes du marché.

La rémunération des investissements de Sofinnova s'ef-

fectue par une plus-value à l'issue de la « sortie » du capital, en accord avec l'entreprise affiliée, après une période de trois à cinq ans (revente sur le marché boursier, rachat par l'actionnaire principal ou par un groupe, etc.). Tandon, l'un des grands succès de Sofinnova, donne la mesure de ce que peut signifier la réussite : un dollar investi en a rapporté 500 ! Voilà un risque qui paie...

Les implantations industrielles ne se limitent pas à la Silicon Valley, même si celle-ci conserve un attrait évident, étant donné la somme technologique et financière qui s'y trouve rassemblée. La Bedco, principale associée de Sofinnova Inc., dispose par exemple d'un bureau à Boston. La zone comprise entre Los Angeles et San Diego, dans le sud californien, paraît également favorable. Ces exemples ne sont pas limitatifs...

ADOPTER UNE MENTALITÉ PLUS « AGRESSIVE »

A la Sofinnova, on a aussi une autre idée derrière la tête. « Six cents ingénieurs français travaillent dans la Silicon Valley », rappelle Jean Fonteneau. Avec le développement de leurs activités, les responsables de la Sofinnova espèrent devenir une sorte de plaque tournante pour ces exilés. « Il semble que, depuis un an, des bonnes volontés se manifestent en France, estime pour sa part Jean-Bernard Schmidt. Ainsi, de jeunes Français veulent bien travailler aux États-Unis, mais pour quelques années seulement. » L'idée est simple : la Sofinnova, par son réseau d'adresses et de relations, pourrait les prendre en charge de façon informelle, les conseiller et faciliter tant leur établissement outre-Atlantique que leur retour au pays. Le but ? Il est clair : assurer une circulation permanente d'ingénieurs français qui affrontent les rigueurs du travail dans les sociétés américaines, adoptant par là même une mentalité plus « agressive », suivant au plus près l'innovation technologique afin d'en faire bénéficier l'industrie française au bout de quelques années. Démarche utopique ? Voire : le système commence déjà à fonctionner...

Hervé Rolland
(Envoyé spécial aux États-Unis)
L'Usine Nouvelle, 1er mars 1984

2 | **Henri Devin l'étudie de plus près...**

1. Répondez aux questions suivantes :
- Le marché nord-américain est-il important pour les entreprises françaises de secteurs à haute technologie, et dans quelle proportion ?
- Quels sont les risques d'une implantation aux États-Unis pour une entreprise française ?
- Pour Sofinnova, quels sont les « secteurs à haute technologie » ?
- Quel est le rôle de Sofinnova ?
- Sur qui s'appuient les opérations de transferts de technologies et quelles sont-elles ?
- Sur quoi s'appuie Jean Fonteneau pour accepter un dossier ?
- Quels sont les buts de Sofinnova à moyen terme ?
- Les sociétés affiliées peuvent rémunérer les investissements de Sofinnova combien de temps après leur création ?

2. Traduisez : venture capital - business plan - success stories.

3. Trouvez les définitions correspondant aux expressions et mots suivants :
- le transfert de technologie
- le partenariat
- une filiale
- associer
- la plus-value
- la rémunération des investissements
- une ligne de production.

4. Retrouvez ou récrivez le contexte (phrase ou paragraphe) où figurent ces mots ou groupes de mots :
- le risque
- ses affiliés
- ces opérations croisées
- la « troïka »
- le réseau de distribution américain
- optimisation
- les implantations industrielles
- outre-atlantique.

5. Trouvez des mots de la même famille :
- associer
- financer
- investir
- innover
- gérer
- traiter
- développer
- risquer
- rémunérer
- produire

157

LE CONTRAT DE TRANSPORT

Le contrat de transport est l'accord entre l'*expéditeur* d'une marchandise et le *transporteur* ou voiturier qui s'engage moyennant rémunération à :

— Déplacer les marchandises sur une distance déterminée, dans un délai fixé ;
— A les livrer au *destinataire*.

Trois personnes se trouvent ainsi engagées :

— L'expéditeur appelé parfois chargeur ou affréteur.
— Le transporteur.
— Le destinataire.

OBLIGATIONS DE L'EXPÉDITEUR

● **Remettre la marchandise avec :**

1° Une **étiquette** comportant :

— Le nom et l'adresse du destinataire ;
— Le nom et l'adresse de l'expéditeur ;
— Éventuellement l'indication en toutes lettres du montant de la *valeur déclarée*. Cette indication est obligatoire pour les envois de valeurs : platine, pierres précieuses, perles fines, or, titres. Elle permet en cas de perte ou d'avarie de déterminer l'indemnité due par le transporteur.

2° Un **emballage** répondant au poids, à la nature de la marchandise, à la durée et aux exigences du transport.

3° Une **déclaration d'expédition** reprenant les indications portées sur l'étiquette ainsi que :

— Le nombre et la marque des colis ;
— La quantité et la nature de la marchandise ;
Et éventuellement :
— Le *montant* du **remboursement** : somme contre laquelle le transporteur devra livrer le colis au destinataire et qu'il devra ensuite faire parvenir à l'expéditeur ;
— Le *montant* des **débours** : ce sont des frais peu élevés engagés par l'expéditeur à l'occasion du transport (emballage, camionnage, droits de douane, de régie) qu'il désire rattraper sur le destinataire. Les *débours sont immédiatement avancés à l'expéditeur* par le transporteur qui se fera rembourser par le destinataire.
Pour les envois par grandes quantités ou en vrac ; l'expéditeur réservera un wagon, une péniche, un bateau complet.

● **Éventuellement payer les frais de transport.**

PREUVE DU CONTRAT

Le contrat prend effet à partir du moment où le transporteur a pris en charge la marchandise en visant, en particulier, la déclaration d'expédition.
Il prend fin par la livraison de la marchandise.
En se servant des indications portées sur la déclaration d'expédition ou d'après les déclarations de l'expéditeur, le transporteur établit le document qui sert de preuve du contrat.

Ce document prend le nom de :

— *Récépissé* pour les transports par fer ou par route ;
— *Lettre de voiture* pour les transports fluviaux, aériens, routiers ;
— *Connaissement* pour les transports maritimes.

Il est généralement tiré en plusieurs exemplaires :

— Un pour l'expéditeur ;
— Un pour le destinataire ;
— Un pour le transporteur.

OBLIGATIONS DU TRANSPORTEUR

● *Transporter la marchandise dans le délai fixé ;*
● *Remettre la marchandise au destinataire ;*
● *Répondre de la perte partielle ou totale de la marchandise et du retard.*

Si le transporteur prétend ne pas être responsable, il doit *apporter la preuve* que le dommage a été causé :

— Soit par la force majeure ou le cas fortuit ;
— Soit par le vice propre ;
— Soit par la faute de l'expéditeur.

Il faut en outre, qu'on puisse ne lui reprocher aucune faute de vigilance ou de prévoyance.

1° Le **cas fortuit ou de force majeure** est constitué par l'événement que la prudence humaine ne peut prévoir et auquel elle ne peut s'opposer :

— Le tremblement de terre, la foudre sont des cas de force majeure.
— Un brouillard intense, un fait de guerre sont des cas fortuits.

2° Le **vice propre** est constitué par toute avarie qui tient à la nature même de la marchandise :

— Maturité avancée des fruits ;
— Évaporation des alcools.

3° **Faute de l'expéditeur** : il n'a pas pris les précautions que nécessitait la nature de la marchandise :

— Emballage défectueux : paille qui fait défaut dans un emballage de verrerie, bâchage défectueux pour un wagon de foin.

ÉTENDUE DE LA RESPONSABILITÉ

● *Perte ou avarie :*

1° La responsabilité du transporteur est limitée aux dommages directs et immédiats qu'on a pu prévoir au moment de la formation du contrat.

● *Retard :*

Tout retard qui cause un préjudice **direct** et **prévisible** engage la responsabilité du transporteur.

La loi n'interdit cependant pas au transporteur de s'exonérer de cette responsabilité (tarif des animaux vivants pour les expéditions par fer) ou de la limiter en cas de retard (tarif des journaux).

OBLIGATIONS DU DESTINATAIRE

— Prendre livraison de la marchandise ;
— En cas d'avarie, faire procéder aux constatations nécessaires avant de prendre livraison;
— Faire les réclamations au transporteur dans les délais fixés. Pour le transport par fer la réclamation doit être faite au chef de gare dans les **trois jours** de la livraison par lettre recommandée.

COMMISSIONNAIRES DE TRANSPORT

Ils servent d'intermédiaires entre les expéditeurs et les transporteurs.
Ils peuvent être :

a) des **groupeurs** : qui rassemblent des petits colis de marchandises et organisent le transport des lots constitués en les remettant à des transporteurs routiers ou à la S.N.C.F. Leur rémunération est constituée par la différence entre le prix de détail versé par les clients et le tarif par wagons obtenu de la S.N.C.F. par exemple.

b) des **bureaux de ville** : qui prennent en charge des envois qu'ils remettent séparément à des transporteurs ou à des groupeurs.

c) des **affréteurs de camions automobiles**.

Tous doivent être titulaires d'une licence délivrée par le Ministre des Transports après avis du Comité Technique.

DOCUMENTS COMMERCIAUX de L. et A. Arnaud chez GARDET éditeur – Annecy.

---

4 *... puis vous vérifiez si vous avez bien compris en complétant le texte ci-dessous :*

LE TRANSPORTEUR

Le transporteur ou _____ est un commerçant qui, suivant un _____, porte d'un lieu dans un autre des personnes ou des choses. Il est garant de la perte des objets à transporter, hors les cas de force majeure (art. 103 C. com.).

LES AUXILIAIRES DE L'EXPORTATEUR

Le transporteur est lié envers l'_____ par un _____ qui est formé par l'« accord des volontés des parties et la remise des colis » (Cassation, 27 mai 1918).

Le contrat de transport exige l'intervention de trois personnes ; le _____, l'_____ et le _____. Dans le cas de l'intervention d'un commissionnaire de transport, celui-ci, agissant pour son propre compte, est partie au contrat.

Les moyens de transports doivent se caractériser par un certain nombre de qualités :
— la sécurité ;
— la rapidité ;
— la modicité de prix ;
— la capacité ;
— la pénétration, en vue de la livraison de la marchandise le plus près possible du destinataire.

Bien que la majorité des transports occasionnés par le commerce international s'effectue par mer, il y aura lieu d'examiner dans cette étude les transports :

par _____,
par _____,
par _____,
par _____ et
par _____.

Il faut attirer l'attention sur le fait que tous les contrats de transport, quel que soit le moyen intervenant, ont deux points communs essentiels :

— matérialisation du contrat par un acte qui représente un droit sur la marchandise transportée ;
— responsabilité du transporteur.

Guide de l'exportation, aspect commercial,
G. Le Pan de Ligny, Dunod, 1983.

1 ● *Hier, vous ne cherchiez pas quelque chose de spécial ?*

- Si, et ce que je cherchais était très important.

- L'an dernier, vous ne vous battiez pas pour quelque chose de spécial ?
- L'autre jour, vous ne vous attendiez pas à quelque chose de spécial ?
- L'an dernier, vous ne vous êtes pas querellé au sujet de quelque chose de spécial ?
- Hier, vous ne participiez pas à quelque chose de spécial ?
- L'autre jour, vous n'étiez pas gênés à propos de quelque chose de spécial ?

2 ● *Qu'est-ce que vous m'avez demandé ?*

- Ce que je vous ai demandé ? Je ne m'en souviens plus !

- A quoi avez-vous reconnu cet homme ?
- Pourquoi la fille t'a-t-elle téléphoné ?
- De quoi avez-vous besoin pour votre rapport ?
- Avec quoi a-t-il justifié sa décision ?
- Dans quoi avez-vous déposé ces billets ?
- Sur quoi avez-vous basé vos calculs ?

3 ● *Que pensez-vous de la négociation en affaires ?*

- Ah, pour moi, négocier en affaires est primordial .

- Que pense-t-il de la gestion par objectifs ?
- Que pensez-vous des investissements à court terme ?
- Que pense-t-il des études à l'étranger ?
- Que penses-tu de la délégation des pouvoirs ?
- Que pensez-vous de la production sous contrôle informatique ?
- Que penses-tu de la robotisation des ateliers ?

4 ● *Quand vous avez téléphoné, vous aviez fini votre rapport ?*

- Oui, j'ai téléphoné après avoir fini mon rapport.

- Lorsque vous êtes parti, vous aviez réservé une chambre ?
- Quand Frédéric est venu, il avait rencontré le directeur de son école ?
- Lorsque Mc Allen vous a présenté son produit, il en avait parlé à Mangin ?
- Quand les Allemands se sont plaints, ils avaient rencontré Fournier ?
- Quand ta femme a appelé, elle avait entendu la nouvelle ?
- Lorsque le gouvernement a augmenté la TVA, il avait négocié avec les syndicats professionnels ?

5 ● *Je vais changer de l'argent ; c'est bien ça que vous voulez ?*

- Non, je ne veux pas que vous alliez changer de l'argent !

- Notre fille s'inscrit à l'école d'architecture, c'est bien ça que tu veux ?
- Notre société fusionnera avec AAG, c'est bien ça que vous souhaitez ?
- Je réserve la salle 305 pour la réunion du 28, c'est bien ça que vous voulez ?
- J'agrandirai ces clichés pour demain, c'est ça que vous désirez ?
- Les commerciaux vont prendre deux jours de congé ; c'est bien ça que vous voulez ?
- Ton collaborateur recueille toutes les informations ; c'est bien ça que tu souhaites ?

6 ● *Ce serait bien si le responsable technique pouvait participer à la réunion !*

- Si vous avez envie que le responsable technique participe à la réunion, téléphonez-lui !

- Ce serait bien si Frédéric pouvait venir ce week-end !

- Ce serait bien si Monsieur Martin pouvait nous livrer les machines la semaine prochaine !
- Ce serait bien si la directrice de l'hôtel pouvait nous envoyer quelques clients !
- Ce serait bien si le responsable des ventes pouvait répondre cet après-midi !
- Ce serait bien si les clients pouvaient fournir l'état de leur stock !
- Ce serait bien si nos collègues pouvaient percevoir nos difficultés !

7 ● *Cette expérience doit être tentée ; je vous l'assure !*
- *Non, je ne crois pas que cette expérience doive être tentée.*

- Ce garçon réussira ; je vous l'assure !
- Les syndicats accepteront ces nouvelles hausses ; je vous l'assure !
- La production nationale est en train de s'automatiser ; je vous l'assure !
- Notre parc de véhicules se réduit de jour en jour ; je vous l'assure !
- L'administration prend conscience du problème du chômage ; je vous l'assure !
- Nos enfants auront la possibilité de se former plus que nous ; je vous l'assure !

8 ● *Cette situation s'éclairera bientôt ; vous semblez en douter !*
- *C'est vrai, je doute que cette situation s'éclaircisse bientôt !*

- Le responsable technique vous remettra sous peu son rapport ; vous semblez en douter ?
- La gérante réglera ses factures sous quinzaine ; vous semblez en douter ?
- Les clients rempliront à chaque fois cette fiche ; vous semblez en douter ?
- Mes collaborateurs défendront leurs droits à la prochaine réunion ; vous semblez en douter ?
- Le service du personnel aménagera bientôt les horaires de travail ; vous semblez en douter ?
- Les clients s'apercevront bientôt du changement dans le comportement des guichetiers ; vous semblez en douter ?

9 ● *Vous avez reçu des nouvelles ; elle sont bonnes, j'espère !*
- *Oui, j'ai reçu de bonnes nouvelles.*

- Vous faites des démarches ; elles sont sérieuses, j'espère.
- Tu donnes des conseils d'utilisation aux consommateurs ; ils sont bons, j'espère.
- Vous avez réalisé des transformations dans vos locaux ; elles sont importantes, j'espère.
- Vous calculez des dépenses ; elles sont faibles, j'espère.
- Tu as recueilli des informations sur cette affaire ; elles sont nombreuses, j'espère.
- Vous avez fait des bénéfices sur cette vente ; ils sont gros, j'espère.

OTIS
PREMIER CONSTRUCTEUR D'ASCENSEURS DU MONDE

ASCINTER OTIS

Trente millions de passagers par jour, un chiffre annuel d'environ deux milliards de francs, cinq mille employés, plus de cent mille ascenseurs et escalators, dans cent quatre-vingts villes de France, Otis est à la première place dans le domaine de la construction des ascenseurs en France. Depuis 1853, date où E.G. Otis inventa l'ascenseur à parachute, jusqu'à 1983 où elle équipe en matériel ultra-moderne la Tour Eiffel rénovée, la société Otis n'a cessé de perfectionner ses produits et d'en diversifier la fabrication pour répondre aux besoins des utilisateurs.

Au cours de ces années, Ascinter-Otis a regroupé successivement des grandes marques françaises connues de son secteur d'activité : Baudet - Daunon - Roussel, Édoux-Samain...

Otis bénéficie depuis 1975 des efforts considérables faits en matière de recherche par le groupe international United Technologies Corporation auquel il est affilié. Celui-ci, dont le chiffre d'affaires se monte à vingt milliards de francs, consacre à la recherche deux millions de dollars chaque jour.

Le développement remarquable d'Ascinter-Otis est dû non seulement à sa politique en matière de recherche mais aussi en matière de formation : trente centres de formation à Paris et en province. Trois mille personnes suivent chaque année des stages de perfectionnement.

Ses deux usines de Gien et d'Argenteuil permettent à Otis d'être le premier exportateur français d'ascenseurs, non seulement en vendant directement ses produits aux clients étrangers, mais aussi aux sociétés associées : les ventes à l'exportation représentent 50 % de leur production.

Otis, qui a toujours su étudier, prévoir et expérimenter pour être à la tête du progrès dans le transport vertical et horizontal sur courtes distances des personnes et des marchandises, a tout naturellement le souci d'améliorer ses interventions auprès de ses clients. Elle a été le premier ascensoriste en France à utiliser l'informatique, la radio et la télécommunication pour gérer ses 100 000 appareils, le parc le plus important au monde.

Le désir de toujours satisfaire ses clients, un esprit d'entreprise et un travail d'équipe exemplaire ont fait d'Otis une puissance industrielle tournée vers l'avenir.

L'Expansion, n° 227, décembre 1983.

7

dialogues

EN CÔTE D'IVOIRE

Sur un chantier

Monsieur N'Geye — Le Chef de chantier — H.D.

N'GEYE : Vous voyez, c'est ici que sera le nouveau village ; les grands travaux le long du fleuve ont commencé. Tenez, d'ici, on aperçoit le barrage qui fournira l'énergie et permettra d'irriguer.

HD : Oui, je vois. Vous construirez le village sur la hauteur et le long de l'ancienne route, sans bouleverser le relief actuel, c'est cela ?

N'GEYE : Oui et quand le village sera monté, on construira à l'extrémité Est, et à côté, la fabrique d'emballage.

LE CHEF DE CHANTIER : Chef, avant de partir il faut montrer à Monsieur Devin les emplacements de la future poste, de l'église et des installations médicales.

N'GEYE : Bien sûr ! Vous voyez sur la droite ce sont les futurs entrepôts, en attendant nous nous en servirons pour stocker les matériaux de construction. Plus loin se trouvera la poste.

HD : Comment sera desservie « Belle Ville » ? Par voie routière, je suppose ?

N'GEYE : Oui, nous ferons d'abord l'élargissement de la piste qui sera goudronnée. Par la suite, nous construirons une voie ferrée.

LE CHEF DE CHANTIER : Nous voudrions faire en sorte que Belle Ville devienne le centre de la région qui sera lui-même en relation avec Abidjan.

HD : Nous devrions donc refaire les pistes des environs et remplacer Belle Ville — Abidjan par une bonne route. J'ai avec moi les éléments qui vous prouveront que nous sommes les plus compétitifs.

Dans un bureau

N.G. : Asseyez-vous. Je vous présente Monsieur Adams, Directeur des travaux publics au Ministère, Monsieur Fallet, spécialiste dans les travaux d'irrigation, c'est un de vos compatriotes, Monsieur N'Diaye, Directeur des services d'expansion économique au Ministère des Finances.

HD : Bonjour Messieurs. Je vais donc vous présenter notre projet qui est de réaliser en un an l'ensemble du complexe de « Belle Ville ».

N.G. : Monsieur Devin, nous avons étudié avec attention votre projet et vous disons notre embarras très sincère pour choisir. Bien que B.T.B. nous ait proposé les mêmes prestations avec une qualité prouvée, nous hésitons !

HD : Par rapport au projet que vous avez examiné, il y a du nouveau. Je vais vous montrer comment nous résolvons les problèmes d'isolation, tant sur le plan de la construction que sur celui des revêtements.

N.D. : Très important Monsieur Devin, très important.

HD : Un de nos fournisseurs a étudié un isolant universel qui réduira le coût du projet de 30 % par rapport au marché initial ; sans avoir les problèmes de teinte car nous fournissons les colorants à part. Nous avons donc un seul produit pour les joints d'étanchéité et l'isolation extérieure.

A. : Au moins, vous nous proposez des économies ! Laissez-nous les chiffres. Nous allons évaluer les incidences financières que cela représente pour nous.

N.G. : On vous appellera à l'hôtel pour notre décision. Si c'est d'accord on signera au Ministère à Abidjan.

165

tabacs   cadeaux

réception ←
courrier ←
télex ←

(Plus tard... le réceptionniste de l'hôtel où Devin est descendu lui remet un télex).

SOTRABETEC — *Venons d'apprendre par Pietilä qui était au courant contrat impossible avec B.T.B., leurs techniciens ne sont pas disponibles à temps. Venons de contacter notre partenaire canadien qui vient d'achever village de Golden River. Peut envoyer sous 1 mois 50 spécialistes.*

Direction du Personnel.

(Devin est dans sa chambre : le téléphone sonne.)

LE RÉCEPTIONNISTE : Un appel pour vous, Monsieur Devin.

N.G. : Allo. Ici N'Geye. Monsieur Devin, votre offre nous plaît mais nous voulons savoir si vous disposez de la main-d'œuvre technique nécessaire.

HD : Bien sûr ! Je n'en ai pas parlé mais cela fait deux mois que nous avons prévu l'équipe.

N.G. : Alors d'accord, on signera demain à 11 heures.

à vous d'agir

1 Haute Couture...

Réunion de conception dans la jeune société du couturier CLOUTIER afin de lancer un nouveau vêtement féminin au cours du prochain salon de la Haute Couture.

Sont réunis :

— des modélistes
— le directeur
— le responsable des achats (tissus,...)

— le responsable financier
— le responsable commercial
— la femme du directeur

Vous êtes l'un des participants à cette réunion.

Elle se déroulera en trois phases :

PHASE 1 : Choix par l'ensemble des participants du nouveau vêtement.

PHASE 2 : Analyse des différents aspects concernant le lancement de ce nouveau produit.
  • le marché de ce produit : âge, catégories sociales...
  • l'aspect technique : tissus, machines, personnel...
  • l'aspect financier : prix de revient, frais de lancement, de distribution, prix de vente.

PHASE 3 : Rédaction d'une « fiche-produit » caractérisant le nouveau vêtement et le positionnant dans la gamme des produits Cloutier.

Concevez un publi-reportage sur la société CLOUTIER, à paraître dans les revues de mode internationales.

Dans un pays en voie de développement, une ville a été construite. Il faut maintenant la relier à la capitale, aux ports, à la mer, aux centres urbains du pays.
Une réunion d'étude a lieu afin de déterminer :

— le type de voie de communication
— l'ordre de priorité des installations

Sont réunis :

- le directeur de la Société nationale du chemin de fer
- le directeur de la Compagnie nationale aérienne
- le directeur de la Société routière (à capitaux privés)

- le représentant du Ministère de l'Équipement
- le représentant du Ministère des Finances
- le Maire de la ville nouvelle.

Vous êtes l'une de ces personnalités.

Vous préparez la réunion en notant :

— votre point de vue et vos arguments
— les questions que vous voudriez voir abordées au cours de la réunion
— les questions que vous voudriez, le cas échéant, poser à l'un ou l'autre des participants.

A l'issue de la réunion, le gouvernement du pays lance une campagne d'appel d'offres dans les journaux internationaux.
Vous êtes chargé de rédiger ces appels d'offres.

3 · *Le salon européen du jouet...*

Réunion portant sur le choix d'une ville pouvant accueillir l'année suivante le SALON EUROPÉEN DU JOUET.

Personnalités réunies :

- le Président de l'OEFS
  (Organisation Européenne des Foires et Salons)
- les maires des 3 villes candidates
  (Stuttgart, Lyon, Göteborg)
- 1 expert financier européen (hollandais)
- 1 expert technique chargé des questions d'environnement.

Vous êtes l'un des participants.

Vous réunissez votre équipe de travail (collaborateurs directs) et vous notez :
- votre point de vue et vos arguments
- les questions que vous voudriez voir abordées lors de la réunion.
- un compte rendu doit être remis à l'OEFS.

Création d'une publicité.

Vous êtes transporteur et vous saisissez l'occasion de ce futur salon pour proposer vos services aux exposants.

Concevez la publicité qui paraîtra dans les revues professionnelles.

Débat entre les représentants des habitants de 2 communes et les dirigeants d'une usine de fabrication de produits alimentaires pour animaux qui voudrait installer un atelier de production entre les 2 communes (le projet est à l'étude).

— les habitants sont hostiles à ce projet pour des raisons écologiques :
- odeurs
- évacuation des déchets
- évacuation des eaux usées...

— les dirigeants sont favorables au projet pour des raisons :
- d'emploi ou de réduction du chômage
- de profit

Vous êtes l'un des participants à cette réunion.

Vous notez :
— votre point de vue et vos arguments
— les questions que vous voudriez voir abordées lors de cette réunion
— les questions que vous voudriez poser à d'autres participants.

A l'issue de la réunion.

Les habitants préparent un communiqué pour la radio locale.
Les dirigeants rédigent un compte rendu à verser au dossier de l'installation de cette unité de production.

à vous d'écrire

Complétez ce publi-reportage.

GROUPE HOTELIER

Deux grands groupes hôteliers (P.L.M. et Wagons-Lits) joignent leurs forces pour contribuer à l'accélération du tourisme en Afrique noire.

Dans le monde des grandes chaînes hôtelières, deux organisations étaient faites pour se rencontrer. Il s'agit de la Société Internationale des Wagons-Lits et de la Société P.L.M. (Paris-Lyon-Méditerranée). Toutes deux *débuter* _____ leurs activités voilà plus de 100 ans en *participer* _____ très activement au développement des chemins de fer en Europe de *se spécialiser* l'Ouest. P.L.M. _____ alors dans le transport ferroviaire de Paris à la mer Méditerranée et Wagons-Lits lançait l'idée, révolutionnaire alors, de voyages en train dans le confort d'un hôtel. Voilà quelques mois, les deux sociétés *se réunir* _____ pour conjuguer leurs efforts dans un monde de plus en plus compétitif.

Présent sur trois continents, *être* P.L.M.-ÉTAP c'_____ la qualité dans la diversité. En Europe, vous *trouver* _____ chez nous aussi bien le vieux mas provençal qu'un géant tel le P.L.M. St-Jacques avec ses huit cents chambres — une ville dans la ville. Aux *pouvoir* Antilles, vous _____ vous cacher au manoir de Beauregard dans un cadre créole du XVIIIe ou, au contraire, vivre au soleil, en plein XXe siècle à l'Arawak en Guadeloupe comme au Montabo en Guyane. Chez P.L.M.-ÉTAP, nous *respecter* _____ le site comme nous *respecter* _____ vos désirs. Un seul point commun, la qualité du service. En Afri- *être* que, nous _____ bien sûr présents

Les hôtels PLM ÉTAP en Afrique noire.

dans les capitales telles qu'Abidjan, Brazzaville, Lomé, Niamey... mais nous *être* _____ aussi au bord du Niger, presque aux frontières du Mali à Ayorou, ainsi que dans les parcs nationaux du W, de la Pendjari, d'Arly, de la Comoé... *croire* Nous _____ en l'Afrique pro- *souhaiter* fonde et _____ vous convertir. *faire* Nous _____ tout pour que vous *être* _____ aussi à l'aise dans les hôtels de luxe tels le Tiama à Abidjan, le M'Bamou Palace à Brazzaville ou le Sarakawa à Lomé que dans un relais de *être* brousse de l'intérieur. Nous _____ maintenant présents sur 4 continents et *continuer* _____ de grandir, mais nous *rester* _____ avant tout un groupe de *essayer* taille humaine qui _____ de toutes ses forces de ne pas se laisser engloutir dans le désert de l'uniformité et de la standardisation. La chaîne hôtelière

décider P.L.M.-ÉTAP _____ d'apporter son concours à la poussée touristique des états d'Afrique de l'Ouest et Centrale. De par son expérience, P.L.M.-ÉTAP non

gérer seulement _____ mais

organiser _____ des circuits touristiques destinés à mieux faire connaître à sa clientèle, les sites, l'artisanat et le folklore africains. Depuis son implantation,

contribuer P.L.M.-ÉTAP _____ à accélérer le développement touristique dans tous ces pays. Les hommes d'affaires

être... oublié n'_____ pas _____ puisqu'une infrastructure importante a été prévue pour eux. P.L.M.-ÉTAP

se voir _____ donc confier la gestion des

dresser établissements dont nous _____ la liste ci-dessous.

Des hôtels en ville...

Bien connu des Abidjanais, l'hôtel Tiama situé au cœur de la capitale ivoi-

être... géré rienne _____, depuis 2 ans _____, par le groupe hôtelier P.L.M.-ÉTAP. Ouvert en 1972, le Tiama

gagner _____ depuis cette date ses lettres de noblesse auprès d'une large clientèle de touristes et d'hommes d'affaires.

être C'_____ un des éléments moteur du développement et de l'hébergement de niveau international en Côte d'Ivoire. Le groupe hôtelier P.L.M.-ÉTAP

venir _____ de le rénover entièrement.

être C'_____ ainsi qu'un nouveau hall d'accueil entièrement en marbre

se substituer _____ à l'ancien. Le bar et la

être revu restauration _____ et les chambres

comporter _____ toutes le téléphone extérieur direct ainsi que la télévision et la vidéo couleur. En cette période de crise globale, vivre au centre nerveux d'Abid-

permettre jan _____ à l'homme d'affaires de mieux gérer son temps et son argent. Les

être éliminé problèmes de transport _____.

En passant par le Togo, on

découvrir _____ l'un des plus beaux fleurons du groupe hôtelier P.L.M.-ÉTAP : le Sarakawa. Cet établissement de 225 chambres, suites et bungalows

être... placé _____ magnifiquement _____ en bordure de la plage à 5 km de Lomé. Entre hôtel et mer, vous

trouver _____ une des plus grandes piscines de l'Afrique de l'Ouest ainsi que des courts de tennis, un club d'équitation et un terrain de volley ball. L'hôtel

comprendre _____ trois bars, dont un bar-restaurant très agréable au bord de la piscine, un casino, une boîte de nuit, un restaurant gastronomique et une salle de

aller cinéma vidéo. _____ passer une semaine de repos à Lomé ! Dans cette

savoir capitale qui _____ garder son

passer charme africain, vous _____ en quelques instants de l'Afrique traditionnelle à l'Afrique de demain...

A Niamey, après une chaude et dure journée sous le soleil du Sahel,

venir _____ vous restaurer à l'hôtel Tenere, en plein centre de la capitale du

Un nouveau fleuron de la chaîne PLM ÉTAP, le M'Bamou Palace à Brazzaville.

172

Niger. Cet établissement de 55 chambres
comprendre climatisées _____ une excellente
table, une terrasse au bord de la piscine
pouvoir où vous _____ étancher votre soif
préférer à moins que vous ne _____ prendre un verre dans le sympathique bar de
l'hôtel. Au carrefour des routes du Sahara
et de l'Afrique noire, Niamey
être bordé _____ _____ par le majestueux fleuve Niger sur lequel les excur-
être sions en pirogue _____ de véritables remontées dans le temps...

Construit à l'origine pour abriter les
conférences internationales, l'hôtel
P.L.M.-ÉTAP Aledjo de Cotonou
être constitué _____ de 11 villas de
grand luxe, réparties dans un immense
parc situé au bord de la mer. Bien que
près du centre de la capitale béninoise,
régner un grand calme _____ dans cet
oasis de verdure. Chaque villa
abriter _____ 5 chambres et suites de
tailles et standings différents. L'hôtel
compter Aledjo _____ aussi une très grande

salle de conférence avec possibilité de
traduction simultanée en 5 langues. Un
restaurant, une des meilleures tables du
Bénin, un bar, une piscine et un casino
agrémenter _____ cet hôtel-parc. De nom-
choisir breux Chefs d'États _____ cet
hôtel lors de leur séjour à Cotonou. Une
petite baie à quelques minutes à pied de
offrir l'hôtel _____ la possibilité d'une
baignade dans l'océan sans avoir à craindre la dangereuse « barre ». A Cotonou,
falloir il vous _____ faire un petit effort
pour trouver l'hôtel P.L.M.-ÉTAP Aledjo
être mais votre récompense _____ à la
mesure de vos efforts...
garder Pour la fin, nous _____ le der-
nier-né des grands hôtels d'Afrique ; en
effet, la capitale de la République Populaire du Congo, Brazzaville « La Verte »,
se parer _____ d'un nouveau joyau... L'hô-
dresser tel M'Bamou Palace _____ ses
11 étages au beau milieu du centre des
affaires. Le M'Bamou Palace
être _____ au service des hommes

L'hôtel Sarakawa, à Lomé.

173

Au centre d'Abidjan, l'hôtel Tiama   *Balafon*, revue d'Air Afrique n° 61, novembre 198

être d'affaires et des touristes du monde entier. L'hôtel _____ de classe internationale, apte à servir les plus exigeants.

compter Il _____ 200 chambres et suites
climatisées, toutes équipées de télévisions
couleur, circuit vidéo et d'un mini bar.
2 restaurants, 2 bars, des boutiques, un
night-club panoramique, une piscine,

être conçu 1 tennis _____ pour rendre un
séjour à Brazzaville encore plus mémo-

pouvoir rable. Une salle de congrès _____
accueillir plus de 300 personnes

être _____ à la disposition des organisateurs de conférences, séminaires, mariages, etc.

dominer Cet hôtel de grand luxe _____
la ville et le fleuve Congo qui pour

garder beaucoup _____ une résonance
quelque peu magique... Sur l'autre berge,

pouvoir au loin, on _____ apercevoir
Kinshasa, métropole zaïroise.

venir L'hôtel M'Bamou Palace _____
à point renforcer le parc hôtelier congolais, quelque peu saturé par le boum
économique de ces dernières années. La
direction du groupe hôtelier

être P.L.M.-ÉTAP _____ fière et ho-
norée par la confiance que lui

faire _____ les autorités congolaises en

donner lui _____ la responsabilité de gérer
cet ensemble hôtelier de premier ordre.

tenir Nous _____ de source sûre qu'elle

faire _____ tout en son pouvoir pour
continuer de mériter cette confiance.

Respect de l'Afrique, respect des sites

être et hospitalité, tels _____ les maî-
tres mots de P.L.M.-ÉTAP Afrique. Une
chaîne d'étapes accueillantes qui du

passer Niger au Congo en _____ par la
Côte d'Ivoire, le Togo, le Bénin, la Haute

contribuer Volta, _____ grandement à la
qualité du tourisme de l'Afrique noire.

le 20 Octobre

LEUR/LEURS

Bonne journée. Les deux représentants des Ministères ont semblé très intéressés par notre concours. _____ questions étaient en général pertinentes. J'ai bien fait de _____ remettre un compte rendu de nos activités ; il _____ permettra de prendre connaissance de nos références.

Pourtant, au cours de cette réunion, j'ai souvent été perturbé par _____ attitude apparemment passive alors que _____ connaissance du dossier m'a étonné.

MÊME/MÊMES

Le spécialiste des travaux d'irrigation m'a _____ posé des colles ; en terrain accidenté, les normes d'inclinaison des canaux sont-elles les _____ ? J'ai affirmé en tous cas qu'elles étaient les _____ ; les autres participants, pourtant spécialistes eux-_____, n'ont pas vraiment compris le sens de la question. Tout de _____ ! J'ai eu chaud, _____ très chaud !

CONJUGAISON DES VERBES

Quand les représentants du Ministère (s'adresser, passé composé) _____ à moi, j'ai cru un moment qu'ils (s'apercevoir, plus-que-parfait) _____ que je ne disposais pas de toutes les informations et qu'ils (se demander, plus-que-parfait) _____ , en conséquence, si je ne « bluffais » pas.

Ensuite, quand la situation (s'éclaircir, passé composé) _____ , et que leurs doutes (se dissiper, passé composé) _____ je me (se promettre, passé composé) _____ de faire une petite promenade de relaxation après la réunion.

175

A la sortie de la réunion, la pluie qui tombait m'a ôté l'envie de me promener. Je suis rentré à l'hôtel et je me (se laisser, passé composé) .... envahir par la chaleur d'un bon bain tout en repensant aux quelques commentaires que M. N'Geye (laisser, plus-que-parfait) .... échapper à l'issue de la réunion. Je crois que je leur (donner, passé composé) .... toutes les informations que je (pouvoir, passé composé) ....

REMARQUES

Monsieur N'Geye est un homme passionnant ; il m'a raconté qu'avant qu'il ne (prendre) .... cette charge au Ministère, il dirigeait une conserverie. Son entreprise marchait très bien, étant donné qu'il (connaître) .... parfaitement la production : en effet, il était passé par tous les stades de la fabrication du temps de son oncle. Au moment où ce dernier (quitter) .... l'entreprise, pour des raisons de santé je crois, Monsieur N'Geye (être) .... très jeune, mais il a été fort bien accepté de sorte que la production (se développer) .... rapidement. Une fois installé dans son usine, ce Monsieur a beaucoup voyagé, il voulait tout savoir sur les techniques de conservation, mais aussi de gestion, afin que son entreprise (poursuivre) .... sa progression.
Il s'est fait de nombreux amis, partout où il est allé. Puis, après qu'il (sentir) .... que les conserveries ne lui apprendraient plus grand-chose, il a accepté ce poste ministériel.

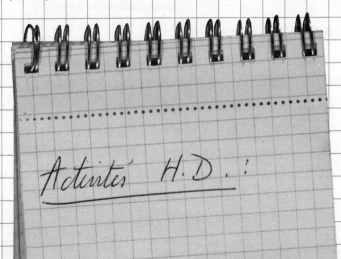

Activités H.D. :

à vous de parler

Henri Devin entend ces informations, et il prend des notes.
Écoutez et répondez aux questions en cochant la bonne réponse.

Le texte correspondant à l'enregistrement figure en pages 192-193.

1 - CANADA

Évolution du secteur

de la construction

① 1984 : l'activité est

   — en baisse de 20 % ☐

   — stagnante ☐

   — en baisse de 10 % ☐

② Retour à la pleine activité

dans ce secteur :

   — en 1986-87 ☐

   — en 1987-88 ☐

   — en 1988-89 ☐

Carte : 0 — 2 000 km. Ottawa

③ A Vancouver, le pourcentage des bureaux inoccupés représente :

   — 15 % ☐

   — 11 % ☐

   — 20 % ☐

④ Les coûts de location des immeubles récents en 1983/84 sont :

   — moins élevés qu'en 82/83 ☐

   — plus élevés qu'en 82/83 ☐

   — les mêmes que ceux de 82/83 ☐

⑤ Quels sont, parmi ces causes, les trois qui sont celles de la stagnation du marché des locations de bureau à Vancouver :

   — la morosité du climat économique ☐

   — la montée du chômage ☐

   — les taux d'intérêt élevés ☐

   — la crise internationale ☐

   — la baisse générale

     des investissements ☐

   — la faiblesse du dollar canadien ☐

2 - INDONÉSIE

Travaux de rénovation des ports de Merak et Bakauheni

① Ces travaux sont financés :

— par les Américains ☐

— par les Chinois ☐

— par les Japonais ☐

② Quelle est la monnaie du pays ?

_____

③ Date d'achèvement des travaux :

— en 1986 ☐

— en 1989 ☐

— en 1990 ☐

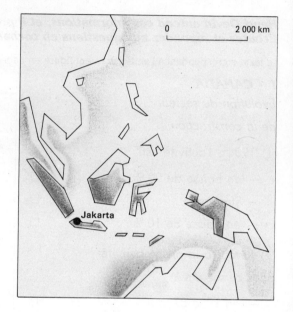

3 - ALLEMAGNE FÉDÉRALE

Les débouchés de l'informatique dans la distribution.
Le marché allemand du code à barres.

① Le principe du code-barres
a été développé :

— en 1980 ☐

— en 1982 ☐

— en 1983 ☐

② Le nombre des systèmes
en fonctionnement est pour :

— l'Allemagne fédérale de _____

— les États-Unis de _____

— le Japon de _____

③ Les solutions concrètes proposées aux commerçants par les fabricants d'ordinateurs sont :

_____ permanent et précis des mouvements de marchandise et des paiements

_____ des files d'attente aux caisses.

178

4 - AUSTRALIE

Le marché des jeux et jouets

(1) La dépense des Australiens

pour les jouets classiques est de :

— 1,25 %   ☐

— 2,75 %   ☐

— 5,25 %   ☐

du revenu annuel par habitant.

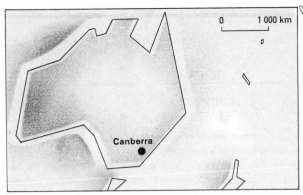

(2) Le chiffre d'affaires de ce marché a été en 1983/84 de :

— 200 Millions de $ australiens   ☐

— 400 Millions de $ australiens   ☐

— 100 Millions de $ australiens   ☐

(3) Actuellement la concurrence entre les jeux classiques et les jouets électroniques :

— n'existe pas   ☐

— devient plus forte   ☐

— devient moins forte   ☐

5 - NOUVELLE-ZÉLANDE

Développement rapide de l'industrie des matières plastiques.

(1) Cette industrie est née :

— il y a longtemps   ☐

— il y a 2 ans   ☐

— il y a 10 ans   ☐

(2) Quelle est la monnaie du pays ? _____

(3) Le nombre d'entreprises

dans ce secteur est de :

— 500   ☐

— 150   ☐

— 250   ☐

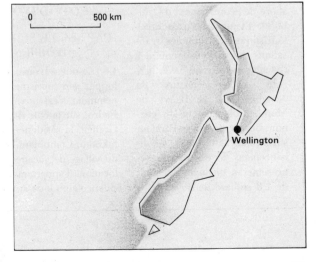

(4) L'objectif pour le futur est de :

— développer les
  exportations   ☐

— supprimer les obstacles
  aux exportations   ☐

— supprimer les obstacles
  aux importations   ☐

L'AFRIQUE EN MARCHE/ÉCHOS

BÉNIN

L'AGRICULTURE DANS L'ATAKORA

Un projet de développement rural de la province nord-ouest de l'Atakora vient de trouver un financement. D'un coût total de 15 millions de dollars, il permettra d'augmenter les productions rurales et agricoles au bénéfice de 28 000 petits exploitants. Le projet sera financé par le FIDA (Fonds International du Développement) pour 9 millions de dollars, par le Fonds de l'OPEP (4 millions). Le reste (soit 2 millions) sera assuré par l'État béninois.

ATOUTS ET PROJETS BÉNINOIS

Lors de la grande table ronde des bailleurs de fonds du Bénin réunis récemment à Cotonou, les autorités béninoises ont eu l'occasion de faire état des priorités et des atouts du pays. Ainsi ont été mis en avant le potentiel agricole, base du développement économique du pays, ainsi que le potentiel minier béninois (pétrole offshore de Sémé, ciment d'Ognibolo). Et aussi les ressources touristiques, les grandes réalisations socio-économiques (Société sucrière de Savé, barrage hydro-électrique de Nangbéto sur le fleuve de Mono, prolongement du chemin de fer Cotonou-Parakou sur Niamey au Niger). Le financement de ces projets représenterait un investissement de 1,8 milliard de dollars.

CONGO

UN SIÈGE POUR HYDRO-CONGO

La construction à Brazzaville du nouveau siège d'Hydro-Congo figure parmi les nombreux projets inscrits au Premier Plan quinquennal congolais (1982-1986). Entreprise d'État à 100 %, la Société Nationale de Recherches et d'Exploitation Pétrolière Hydro-Congo détient (depuis sa création en 1973) le monopole de la distribution d'essence, de gasoil et de fuel au Congo. Employant plus de 1 500 personnes et réalisant un chiffre d'affaires annuel de près de 50 milliards CFA. Hydro-Congo commercialise chaque année plus de 300 000 tonnes de produits pétroliers (carburant auto, pétrole, gasoil, fuel, lubrifiant, jet Al, etc.). Disposant depuis décembre 1982 d'une raffinerie (gérée par sa filiale Coraf, Congolaise de Raffinage), Hydro-Congo désire maintenant accroître sa capacité de stockage de ses dépôts de Brazzaville et de Pointe-Noire.

CÔTE-D'IVOIRE

CAP SUR LE SUD-OUEST IVOIRIEN

Le sud-ouest Ivoirien va développer son tourisme. Tout récemment s'est ouverte à San Pedro, sur la côte du Golfe de Guinée, la résidence-club Mohikrako. Combinant la formule du village de vacances et de la location d'appartement, la résidence-club loue aux touristes des appartements dans un immeuble situé au bord de la mer. Comptant actuellement 120 lits, elle va rapidement porter sa capacité d'hébergement à 220 lits. Reliée à Abidjan par Air Ivoire (300 km) la résidence — dont les séjours sont inscrits dans la brochure Airtour Afrique — donne la possibilité aux vacanciers de découvrir toutes les plus belles plages de la région : Monogaga ou Grand Berebi. En effet les promoteurs de ce club disposent de plusieurs bateaux permettant à la fois de partir en pique-nique sur ces plages, mais aussi de s'initier à la pêche sportive en plein essor en RCI. Par ailleurs, de nombreuses occasions sont offertes aux visiteurs de pratiquer le tourisme aérien, ou d'excursionner en automobile pour aller à Sassandra, à Tabou, ou au Parc National de Taï.

LES U.S.A. A L'AIDE DE LA R.C.I.

Une des conséquences de la récente visite officielle du Président Houphouët-Boigny : les Américains viennent de marquer leur confiance dans l'avenir de la Côte d'Ivoire en lui consentant un prêt très important d'un montant de 250,7 millions de dollars. Ce prêt a été accordé par la BIRD (Banque Internationale pour la Reconstruction et le Développement) et a été signé aux États-Unis par M. René Amany, ambassadeur de Côte d'Ivoire près des États-Unis d'Amérique, et par M. Xavier de La Renaudière, représentant de la BIRD.

MAURITANIE

BOGUÉ IRRIGUÉ

Retardé de 5 ans, le projet d'irrigation de Bogué, au sud de la Mauritanie sur le fleuve Sénégal, coûtera trois fois plus cher : 22 millions de dollars au lieu des 7,8 millions prévus initialement. Pour financer ces coûts supplémentaires les bailleurs de fonds vont devoir accroître leur contribution : c'est notamment le cas du Fonds Africain de Développement (du groupe de la BAD) qui vient de consentir à la Mauritanie un prêt supplémentaire de 2,4 millions de dollars.

NIGER

LE SOLAIRE EN HAUSSE

L'énergie solaire connaît un bon développement au Niger. Ainsi l'Onersol (Office National de l'Énergie Solaire) qui a installé plusieurs stations de pompage fonctionnant à l'énergie solaire va en réaliser une nouvelle cette année.
Et également continuer à assurer la fourniture de distillateurs solaires aussi bien aux entreprises et administrations nigériennes qu'à l'exportation. Quant à l'usine de chauffe-eau solaires, elle prévoit de faire passer sa production actuelle de 400 à 500 appareils par an et les capteurs plan de 1 200 m^2 à 3 000 m^2/an pour faire face aussi bien aux commandes nationales qu'internationales (Afrique noire et Maghreb).

UNE PISTE D'ATTERRISSAGE A DIFFA

Les avions peuvent maintenant se poser à Diffa, à l'est du pays. En effet, l'aéroport de Diffa compte une nouvelle piste de 1 800 m de long.
Réalisée par les militaires en deux ans, cette nouvelle infrastructure aura coûté 2 milliards CFA. Il ne reste plus qu'à réaliser des équipements comme la tour de contrôle, pour doter le pays d'un nouveau maillon important dans son réseau aéroportuaire.

SÉNÉGAL

LA TOURBE APRÈS LE PÉTROLE

Préoccupé de diminuer sa facture pétrolière, le Sénégal voudrait réaliser d'importantes économies d'énergie en exploitant la tourbe. Abondante dans la région de Niayes, la tourbe permettrait d'alimenter des centrales électriques pour un coût particulièrement compétitif. Leurs réserves étant estimées à 50 millions de mètres cubes, les tourbières sénégalaises pourraient être mises en exploitation en 1986. Pour le moment le projet est au stade des études et de l'expérimentation financées par plusieurs bailleurs de fonds, comme le FAC, le FED, le PNUD, la Finlande, le Canada, etc. Par ailleurs, débuteront prochainement les travaux de construction d'une centrale à tourbe (deux tranches de 30 MW en 1986 et 1988).

TOGO

UNE AUTORITÉ POUR LES AÉROPORTS

Le Togo vient de signer un contrat avec l'Aéroport de Paris. L'entreprise française se voit confier une mission d'étude chargée de créer et de mettre en place une Autorité Aéroportuaire Nationale Togolaise. Cette dernière sera chargée de l'exploitation et de la gestion des aéroports du Togo.

DAVANTAGE DE COTON ET DE CULTURES VIVRIÈRES

La culture du coton et des plantes vivrières va être stimulée au Togo. En effet, l'AID (Association Internationale de Développement), du groupe de la Banque Mondiale, vient d'accorder un crédit de 23,5 millions de dollars, destiné à un deuxième programme de développement rural. Celui-ci doit accroître la production de coton de 18 400 tonnes et celle des cultures vivrières de 38 000 tonnes.
Parmi les autres sources de financement du programme : 16,2 millions de dollars fournis par la CCCE (Caisse Centrale de Coopération Économique) et 4,4 millions par le Fonds d'Aide et de Coopération.

Balafon no 61, novembre 1983.

Relevez les informations essentielles contenues dans cet article en vue d'un exposé.

informez-vous

Examinez chaque affirmation et donnez-lui le nombre de points correspondant :

— c'est quelque chose que vous ne faites JAMAIS ou PRESQUE JAMAIS = 0 point
— c'est quelque chose que vous faites PARFOIS = 1 point
— c'est quelque chose que vous faites SOUVENT = 2 points
— c'est quelque chose que vous faites TOUJOURS ou PRESQUE TOUJOURS = 3 points.

AVANT UNE RÉUNION...

1.... Je me pose la question de savoir si elle est indispensable et j'évite de participer à des réunions qui ne se justifient pas.

2.... Je me tiens informé à l'avance de l'ordre du jour et de la durée prévue pour la réunion.

3.... Je prépare suffisamment la réunion.

PENDANT UNE RÉUNION...

4.... Je fais préciser si nécessaire les objectifs et la méthode de travail du groupe.

5.... Je me soucie d'une bonne gestion de l'espace et des moyens = dispositions des tables, utilisation du tableau...

6.... J'exprime tout ce que j'ai à dire. □

7.... Je me soucie de la participation de chacun à la discussion. □

8.... Je repousse toute sollicitation extérieure = appel téléphonique, interruptions ou dérangements divers. □

9.... Je me sens concerné par ce qui est dit. □

10.... Je cherche à développer et à faire respecter un climat d'écoute mutuelle et d'acceptation des différents points de vue. □

11.... J'évite les apartés. □

12.... Je surveille la gestion du temps et j'interviens sur ce sujet si nécessaire. □

13.... J'évite de monopoliser la parole. □

14.... Je fais ou je fais faire des synthèses pour dégager les acquis et les conclusions. □

APRÈS LA RÉUNION

15.... Je contrôle le suivi de la réunion en termes d'information ou d'action. □

SCORE TOTAL □

Votre score total, compris entre 0 et + 45, indique votre degré d'efficacité en réunion. Les niveaux d'exigence ne sont pas les mêmes suivant que vous êtes ou non l'animateur de la réunion.

Si vous avez obtenu moins de 15 points, vous êtes un participant peu efficace et a fortiori un piètre conducteur de réunion.

Si vous avez obtenu entre 15 et 30 points, vous êtes un participant efficace et un animateur moyen.

Si vous avez obtenu plus de 30 points, vous êtes un participant très efficace et un bon animateur.

Les idées d'amélioration

— Comment améliorer votre efficacité en tant que participant à une réunion ?

— Comment améliorer votre efficacité en tant qu'animateur de réunion ?

Ces idées peuvent vous être utiles aussi bien dans le rôle d'animateur de la réunion que dans celui de participant... actif et intelligent.

1. Avant une réunion, vérifiez si elle est bien indispensable : ne pourrait-on traiter le problème ou faire circuler l'information autrement (entretiens directs ou par téléphone, échanges de lettres ou de documents) ?

2. Faites connaître l'ordre du jour et la durée globale de la réunion à l'avance aux futurs participants et consultez-les éventuellement à ce sujet.

3. Vérifiez que les personnes convoquées sont bien les personnes compétentes et concernées.

4. Ne dépassez pas la dizaine de participants.

5. Programmez la réunion à un moment et dans un lieu appropriés.

6. Préparez la réunion, et incitez chaque participant à faire de même.

7. Commencez la réunion à l'heure.

8. Au début de la réunion, rappelez les objectifs, l'ordre du jour, l'horaire prévu, les règles du jeu.

9. Intégrez éventuellement de nouvelles propositions sur l'organisation de la réunion, si cela vous semble souhaitable et possible.

10. Aménagez l'espace : tables, tableaux, disposition de chacun dans la salle.

11. Prévoyez une durée pour chaque point à traiter et une marge pour les imprévus.

12. Faites enregistrer ce qui se dit : compte-rendu par un secrétaire de séance et utilisation du tableau.

13. Pour chaque point de l'ordre du jour, recensez les informations disponibles et faites préciser les positions, opinions ou sentiments en présence.

14. Provoquez les échanges les plus larges entre participants, évitez

que la discussion soit monopolisée par quelques-uns et sollicitez la participation de ceux qui s'expriment le moins.

15. Favorisez le développement d'un climat d'écoute mutuelle et d'ouverture à autrui.

16. Utilisez de façon positive les oppositions et les conflits comme sources de progrès : faites qu'on s'attaque aux problèmes, pas aux personnes.

17. En cas de désaccord important, dédramatisez et faites expliquer les thèses en présence, afin de cerner les points de divergence et les points de convergence.

18. Acceptez les variations de rythme, les silences, les phases de piétinement ou de blocage et sachez les traverser en gardant votre confiance dans les capacités du groupe à surmonter les difficultés qu'il rencontre.

19. Soyez sensible aux déviations « hors sujet » et aux apartés, et cherchez à les récupérer ou à les intégrer « en douceur » en recentrant si nécessaire.

20. Faites des synthèses partielles afin de dégager les acquis de la discussion et de préciser l'état d'avancement par rapport à l'ordre du jour.

21. Surveillez régulièrement et rappelez parfois le temps passé et le temps disponible.

22. Que vous vous impliquiez ou non dans le débat sur le fond, gardez suffisamment de recul pour ne pas perdre de vue l'ensemble de la dynamique du groupe et de la réunion.

23. Vérifiez que l'analyse de la situation est suffisante avant que les conclusions soient tirées ou les décisions prises.

24. Terminez la réunion à l'heure.

25. Ne levez pas la séance sans une conclusion ou une synthèse finale, par exemple un rappel de ce qui a été dit ou décidé ou un point sur l'état final d'avancement, par rapport aux objectifs et à l'ordre du jour prévus au départ.

Organisation personnelle du travail, Jean Simonet, Les Éditions d'Organisation.

PAR JEAN-PAUL LE GUERN

Regardez-les bien. Du « bouledogue » au « renard », vous les avez tous rencontrés, campés dans cette attitude, autour de la table de réunion où vous leur aviez donné rendez-vous.

Peut-être même vous est-il arrivé un jour, non plus comme animateur mais comme simple participant, d'emprunter le masque de tel ou tel ! Car s'il est des « hérissons » chroniques, il en est aussi d'occasion. Et la timide « brebis » d'un jour peut fort bien se muer en « bouledogue » hargneux le lendemain.

Voilà qui complique un peu les choses. Mais qui vous dicte en même temps votre première obligation d'animateur. Distinguer dans le comportement que vous observez entre la personnalité habituelle et des dispositions passagères. Pourquoi ? Parce que vous parviendrez toujours à faire tenir l'équilibre à l'éléphant. Il y faudra plus ou moins de temps. Mais vous ne lui ferez jamais effectuer des bonds à travers un cercle de feu.

Reste à faire vivre cette ménagerie. C'est le plus délicat. Car s'il n'existe pas, entre ces races, d'inimitiés irréductibles a priori, il peut toujours en apparaître. Cela dépend de vous. Comme il dépend de vous qu'elles s'allient pour vous faire subir un sort.

Sachez donc agir comme il convient avec chacun de ces spécimens. Pour ce faire, inspirez-vous des conseils ci-après.

Sans toutefois perdre de vue leur caractère simplificateur. Et attention ! Sauf si votre but est de vendre une décision préalablement arrêtée, ne cherchez en aucun cas à domestiquer la ménagerie ! De même, ne cédez pas à la tentation d'apprivoiser l'un ou l'autre de ces personnages.

Si la réussite d'une réunion tient à la quantité de ses « interactions », elle se mesure aussi à leur direction. C'est entre eux, plus qu'avec l'animateur, que les participants doivent échanger. N'utilisez donc les interpellations directes qu'avec parcimonie. Préférez-leur les questions à la cantonade. Avec le « renard » ou tout autre qui, tenté de l'imiter, s'adresserait presque exclusivement à vous, utilisez la « question-écho ». En clair, renvoyez-lui sa question. Variez cependant vos effets. Avec la « question-relais », vous renverrez la ques-

NE RÉUNION

> **Cheval, singe, hérisson, girafe, renard : regardez bien les participants d'une réunion, ils ressemblent tous à un animal que vous connaissez. D'après les spécialistes, voici quelques clés pour dialoguer et réussir les séances que vous animerez. Sans courir le risque d'être dévoré.**

tion posée à un autre participant. Et, avec la « question-miroir », à l'ensemble du groupe. Tout va bien ? Ce petit monde cohabite et participe sans incident notable ? La partie n'est pas gagnée pour autant. Car il vous faut aussi satisfaire l'appétit de progression de votre groupe vers le but de la réunion. Là encore, il n'attend rien d'autre de vous que de lui faciliter la tâche. En formulant, de temps à autre, les interventions, vous permettrez l'unité de compréhension. Tout en manifestant qu'il n'est pas vain de prendre la parole puisqu'on est sûr d'être compris. En effectuant et en faisant approuver des synthèses partielles au terme de chaque étape, vous vous mettrez à l'abri de brusques retours en arrière.

Tout en permettant à chacun de prendre le départ de la suivante à armes égales.

De même, en fin de réunion. Avec une synthèse, tout le monde mesurera le chemin parcouru. Et n'oubliez pas que, notées au tableau, les interventions — du moins leur substance — comme les synthèses facilitent la compréhension en stimulant l'intérêt. Tandis que les notes hâtives jetées par l'animateur sur son bloc personnel engendrent la méfiance.

L'animation d'une réunion implique bien d'autres devoirs encore. Moins subtils, mais tout aussi exigeants. Comme celui de la préparation.

Préparez vos réunions. Si vous n'êtes pas un expert du thème débattu, ou si un meilleur spécialiste que vous est susceptible d'apparaître au sein du groupe, étudiez-le. Dites-vous également qu'un plan et une méthode de travail, ça aide.

Construisez-les avant et faites-les adopter, sans refuser d'éventuels amendements, au début de la réunion. Vous enlèverez ainsi au « cheval » sûr de lui — souvent à juste titre d'ailleurs — de bonnes raisons de faire remarquer au bout d'une heure qu'il existe une meilleure méthode de travail. Et au « hérisson » impénitent de tenter de convaincre, surtout s'il n'a pas de proposition à faire, qu'en tout état de cause votre méthode n'est pas la bonne.

Ce qui vaut pour vous, animateur, vaut aussi pour les participants. Plus ils sont préparés, plus ils seront... participatifs. A tout le moins, envoyez-leur un ordre du jour. Une documentation succincte sur le thème abordé fera souvent le meilleur effet. Dans tous les cas, si cette réunion a été précédée d'une autre, un compte rendu s'impose. Comme il s'imposera après celle-ci. Bien entendu, adressez-leur le tout quelques jours avant la réunion. Cela vous évitera de vous entendre dire que, s'ils ne participent pas, c'est parce qu'ils sont cueillis à froid.

Enfin, ne négligez surtout pas des aspects plus matériels encore. La durée : deux heures sont un maximum. L'ambiance : pas de marteau-piqueur sous les fenêtres... ni de téléphone dans la salle. Le confort : l'hippopotame ne vous pardonnerait pas d'être contraint de s'asseoir sur les genoux de la grenouille ; et celle-ci moins encore. La table, même. Vous aurez rarement à disposition la table idéale ovale, si l'on en croit les spécialistes, de largeur égale aux sept douzièmes de la longueur et comportant une « pointe » coupée où vous prendrez place.

En tout cas, abandonnez les tables carrées, rectangulaires, en T ou en U ! La seule table ronde, ou ovale, permet au moins à tout le monde de se voir sans trop de contorsions.

Vous l'avez compris, on ne s'improvise pas animateur de réunion. Mais on le devient sans trop de peine. Stages et (ou) lectures peuvent y aider. A condition de bien les choisir.

En ce qui concerne les stages, contrairement à ce que cet article pourrait vous laisser croire, n'attendez rien des écoles vétérinaires. Adressez-vous plutôt aux organismes de formation continue. Innombrables, ils font tous dans le genre. Mais fuyez les « psy » les plus durs, et donc les plus obtus, qui tenteront de vous faire prendre des vessies pour des lanternes. Fuyez de même les gargotes où l'on s'efforcera de vous faire avaler les recettes les plus sommaires.

Empruntez la voie médiane. Quelques principes psychologiques de base mariés à quelques techniques éprouvées font les meilleurs animateurs.

Et ne rejetez surtout pas le magnétoscope. Au contraire, recherchez-le. En ce domaine, se voir faire est une condition essentielle du mieux-faire.

Au chapitre lecture, pas de problème. De nombreux ouvrages allient l'utile à l'agréable. Il vous suffit de savoir fouiner. Au bon endroit, s'entend. Le rayon « zoologie » de votre libraire ne vous apportera rien.

En revanche, courez, selon l'endroit, aux « sciences humaines », à la « pédagogie » ou au « management ». Vous y trouverez votre bonheur. Et, par contrecoup, les participants à vos futures réunions le leur.

Un dernier conseil. Ne montrez pas ce bestiaire à vos collaborateurs. Ou faites-le avec prudence. Car sitôt qu'ils se seront reconnus, y compris ceux qui n'y figurent pas — les

« perroquets », nombreux, qui ont l'art de s'exprimer en groupe pour répéter ce qui vient d'être dit, les « ânes », s'il en est encore autour de vous, les « caméléons », agaçants de conformisme, et d'autres encore — ne manqueraient pas de vous baptiser à leur tour. D'un nom d'oiseau, bien sûr !

LE BESTIAIRE DE L'ANIMATEUR

Selon la revue américaine «TWI-TOPICS»[1], et avec quelques adaptations de circonstance, voici les types de participants que tout animateur de réunion est susceptible de rencontrer. Avec, face à chacun, les comportements à adopter.

De gauche à droite sur le dessin (mais attention vous ne les trouverez pas toujours dans cet ordre) :

LE QUERELLEUR. Restez calme. Empêchez-le de monopoliser le débat. Pour le contrer, appuyez-vous à fond sur le groupe.

LE CONVAINCU, SÛR DE LUI. Sous des apparences désagréables, il est souvent précieux. Faites-lui fréquemment apporter sa contribution.

CELUI QUI SAIT TOUT. C'est le singe-savant. Toujours mieux renseigné que tout le monde. Et en toutes choses. Faites en sorte que le groupe sape ses théories.

---

1. Le TWI (Training Within Industry) est une démarche pédagogique, d'origine américaine, appliquée à tous les domaines de l'entreprise. Elle fit fureur en même temps que l'OST.

L'Usine Nouvelle, août 1983.

LE BAVARD. Dans le torrent de propos déversé, il peut dire d'excellentes choses. Mais il empêche les autres d'en faire autant. Interrompez-le avec tact. Limitez son temps de parole.

LE TIMIDE. Posez-lui des questions faciles. Attirez l'attention sur ce qu'il dit d'intéressant. Autant d'attitudes qui lui permettront d'accroître sa confiance en lui.

L'IMPOSSIBLE. Acariâtre, il peut néanmoins apporter beaucoup. Flattez-le en utilisant ses connaissances ou son expérience.

CELUI QUI NE S'INTÉRESSE A RIEN. Amenez-le à s'impliquer, par exemple en l'interrogeant sur ce qui le touche de près, son travail notamment.

LE COLLET MONTÉ. Austère, arrêté sur des principes. Ne le critiquez surtout pas. Utilisez la technique du « oui, mais ».

LE QUESTIONNEUR ÉTERNEL. Essaie d'attraper tout le monde. S'il vous prend pour cible, renvoyez ses questions au groupe.

BIBLIOGRAPHIE

Parmi l'abondante littérature existant en la matière, voici quelques ouvrages généraux qui peuvent vous renseigner utilement :

● « Comment diriger une réunion » (A. Coqueret ; Le Centurion-Formation). Succint mais utile.

● « Comment animer les réunions de travail en soixante questions » (B. Demory, Chotard). Pratique.

● « Les Réunions, l'art et la manière d'en tirer le meilleur profit » (B.Y. Auger, Berger-Levrault). Pratique et complet.

● « La Conduite des réunions » (R. Mucchielli, Librairies Techniques, Entreprise Moderne d'Édition et Éditions ESF). Pratique, quoique plus « savant » (alternance d'exposés et d'exercices).

 Les secrets d'une bonne réunion

Après avoir lu cet article de l'Usine Nouvelle, vous en tirez « les secrets d'une bonne réunion » en relevant :

— les techniques d'animation.
— les principes d'organisation.

1 ● Les délégués vont se réunir. Dois-je informer la presse ?

- Oui, bien sûr, <u>avant que</u> les délégués <u>ne se réunissent</u> .

- Les nouvelles machines de l'atelier 3 vont être livrées, devons-nous fermer cet atelier ?
- Expolivres va bientôt s'ouvrir, dois-je réserver des places d'hôtel pour nos collaborateurs ?
- Notre directeur anglais va bientôt venir ; dois-je réunir les directeurs pour préparer sa venue ?
- La secrétaire du service achats va partir ; doit-on organiser une petite fête en son honneur ?
- Les clients mécontents vont nous renvoyer les articles défectueux ; dois-je leur indiquer que nous sommes à leur disposition ?
- Monier va bientôt reprendre le service juridique, devons-nous le rencontrer ?

2 ● Mac Allen va vous envoyer la documentation ; mais avant cela, il contactera Mangin.

- Donc, McAllen contactera Mangin <u>avant qu'il ne m'envoie</u> la documentation.

- L'hôtesse d'accueil va vous indiquer l'emplacement du stand UV ; mais avant cela elle vous remettra un plan de la foire.
- Ta secrétaire va t'indiquer les nouveaux tarifs ; mais avant cela, elle t'enverra un compte rendu de la dernière réunion.
- La gérante de la « Boutique B » va te faire une remise intéressante ; mais avant cela elle te fera remplir une carte de fidélité.
- Les chefs d'équipe vont passer en horaire de 3 × 8 ; mais avant cela, ils en analyseront les conséquences sur le personnel.

- Les restaurateurs vont augmenter leurs tarifs ; mais avant cela, il contacteront leur syndicat pour connaître le pourcentage prévu.

3 ● Vous voulez rembourser cette somme ? Pourtant vous n'avez pas pris d'argent !

- Mais c'est vrai ! Je ne peux pas rembourser cette somme <u>sans avoir pris</u> de l'argent !

- Les techniciens veulent partir au Guatemala ? Pourtant ils n'ont pas étudié l'incidence financière !
- Vous voulez trier les dossiers de candidatures ? Pourtant, vous n'avez pas défini les critères de sélection !
- La directrice veut réunir les chefs de service ? Pourtant elle ne les a pas prévenus !
- Les employés veulent bénéficier d'une prime de fin d'année ? Pourtant, ils n'ont pas contacté la direction à ce sujet !
- La fille de Devin veut entrer à l'École Supérieure des Arts ? Pourtant elle n'a pas passé de concours !

4 ● Je ne sais pas comment nous allons construire ce village !

- Il <u>faudrait</u> pourtant savoir <u>comment</u> il va <u>être construit</u> !

- Je ne sais pas de quelle manière Mangin résoudra ce problème.
- Je ne sais pas dans quel but la SOMECO a remboursé les actionnaires.
- Je ne sais pas avec quels moyens nous agrandirons les locaux.
- Je ne sais pas de quelle façon nous réduirons les frais administratifs.
- Je ne sais pas sur quelles bases le gouvernement prendra de nouvelles mesures.

5 • *La Société ARC a investi l'an dernier ; c'est comme ça qu'elle a créé une nouvelle agence ?*

- Oui, c'est comme ça ! Elle a investi l'an dernier de <u>telle sorte qu'elle a créé</u> une nouvelle agence.

- La directrice de l'agence a développé ses ventes l'an dernier ; c'est comme ça que son chiffre d'affaires a augmenté ?
- La société TIM a racheté les photocopieurs BZ l'an dernier ; c'est comme ça que le personnel de BZ a été conservé ?
- Les commerçants ont fait le mois dernier des journées « portes ouvertes » ; c'est comme ça que de nouveaux clients ont été attirés ?
- Le maire de Val d'Isère a développé son potentiel hôtelier ; c'est comme ça qu'il a accueilli davantage de vacanciers ?
- Le chef de production a présenté une nouvelle technique ; c'est comme ça que l'entreprise a réduit ses coûts de fabrication ?

6 • *Je vais interroger le chef des ventes ; il répondra peut-être à ma question.*

- Eh bien ! Interrogez-le <u>de manière qu'il <u>réponde</u> à votre <u>question</u>.</u>

- Nous allons contacter les chefs d'agence ; ils participeront peut-être à cette réunion !
- Je vais conduire McAllen à l'aéroport ; il prendra peut-être le vol de ce soir !
- Nous allons informatiser la production ; le chef d'atelier gèrera peut-être mieux son service !
- Je vais rassembler les co-propriétaires ; la question du hangar sera peut-être résolue !
- Je vais refaire les comptes ; je rétablirai peut-être l'équilibre !

7 • *Dois-je investir comme mon père ?*

- Non, n'investissez pas <u>comme</u> votre père <u>l'a fait</u>.

- Devons-nous nous soumettre comme les concurrents ?
- Dois-je vendre mes parts comme les autres actionnaires ?
- Devons-nous prendre une assurance comme les autres exposants ?
- Dois-je m'inscrire dans cette école, comme mes amies ?
- Devons-nous nous battre comme nos collègues américains ?

8 • *Conseillez-moi : comment attirer de nouveaux clients ?*

- <u>Comme je les attirerais moi-même</u> !

- Donne-moi ton avis : comment choisir un nouveau collaborateur ?
- Conseillez-moi, mon cher : comment réduire les opérations trop coûteuses ?
- Donnez-moi un conseil : comment augmenter la productivité sans alourdir les charges ?
- Conseille-moi, veux-tu : comment placer nos invités autour de cette table ?
- Conseillez-moi : comment poursuivre un mauvais client ?
- Donnez-moi votre avis : comment transmettre cette information ?

INFORMATIONS INDUSTRIELLES
SUR LES MARCHÉS EXTÉRIEURS

CANADA.
(N° 8205).
**Évolution du secteur
de la construction.**

Le marché de la construction est ralenti en raison des taux d'intérêt élevés et de la faiblesse des investissements industriels. L'activité de ce secteur devrait baisser de 40 % en 1984 et se maintenir à ce niveau pour 1985. Pour cette année, les prévisions de constructions de maisons ont été révisées en baisse : 15 000 maisons au lieu des 24 000 prévues en janvier (40 000 en 1981 et 24 000 en 1983). L'activité actuelle représente 60 % des capacités de ce secteur. Malgré certains grands projets, tels le système urbain de Vancouver (850 millions de dollars), ou la construction de nouvelles lignes ferroviaires par CP Rail (600 millions de dollars), le secteur de la construction ne devrait retrouver sa pleine activité qu'en 1987-1988. Une reprise est toutefois envisagée d'ici là en raison de la baisse de 20 %, comparé à l'année précédente, du coût de construction des immeubles.

Le pourcentage de bureaux inoccupés dans le quartier des affaires de Vancouver atteint 15 %, soit une progression de 11 % par rapport au début de l'année. Il est prévu que ce taux continuera à augmenter jusqu'à ce que le marché se stabilise. Un taux de non-occupation de 5 % serait considéré comme le plus acceptable pour locataires et propriétaires.

Les coûts de location ont diminué, après avoir atteint des records dans les années 1982-1983, approchant aujourd'hui une moyenne de 180 dollars à 210 dollars dans le centre-ville, voire 250 dollars à 300 dollars par année et par m^2 pour les immeubles récents.

Les causes de la stagnation du marché des locations de bureaux sont la morosité du climat économique, les taux d'intérêts élevés et la baisse générale des investissements. Toutefois, la faiblesse du dollar canadien face au dollar US attire les capitaux américains et de nouvelles tours se construisent actuellement. Au premier trimestre 1984, 13 immeubles de bureaux étaient en construction à Vancouver.
PEE à Vancouver.

INDONÉSIE.
Travaux de rénovation des ports de Merak et Bakauheni.

Les ports de Merak et Bakauheni vont être équipés de quais de chargement supplémentaires pour faire face à l'accroissement du trafic dans cette zone. Les travaux, financés par un prêt de 8,8 milliards de roupies du Fonds de coopéra- tion économique japonais, seront achevés en 1986.
Indonesian Commercial News-letter.

ALLEMAGNE FÉDÉRALE.
(N° 8073).
Les débouchés de l'informatique dans la distribution. Le marché allemand du code à barres.

En RFA, les systèmes de gestion et de paiement basés sur le principe du code à barres, ont réellement réussi leur percée en 1983.

Fin de l'année précédente, l'organisme professionnel représentant le commerce de détail, a dénombré 175 systèmes en fonctionnement. Ce chiffre devrait augmenter rapidement, mais pas au point de rattraper les USA (7 500 systèmes) ou le Japon (200 systèmes).

L'introduction de l'informatique dans le monde de la distribution n'a été possible que grâce à une collaboration très étroite avec les fabricants d'ordinateurs (Nixdorf et IBM en tête), qui ont proposé des solutions concrètes aux principales préoccupations des commerçants, à savoir :
- contrôle permanent et précis des mouvements de marchandise et des paiements ;
- réduction des files d'attente aux caisses.

PEE à Cologne.

INFORMATIONS INDUSTRIELLES
SUR LES MARCHÉS EXTÉRIEURS

AUSTRALIE
(N° 8298/4).
Le marché des jeux et jouets.

Les dépenses des Australiens pour les jouets classiques (poupées, jouets mécaniques, jeux) ne représentent, par tête d'habitant que 1,25 % du revenu annuel d'un adulte. La cause en est la concentration de près de 80 % de la population sur une bande côtière où plage et mer offrent de suffisantes possibilités de récréation.

Malgré les limites du marché, l'année 1983/1984 a vu la réalisation d'un chiffre d'affaires d'environ 400 millions de dollars australiens.

Ce marché est tenu, pour la plus grande partie, par des sociétés locales se limitant à la fabrication d'articles trop volumineux ou trop lourds pour être importés.

On assiste actuellement à une concurrence accrue entre les jouets électroniques et les jeux classiques, tels que dames, échecs, monopoly, etc. Il apparaît toutefois que ces derniers se comportent bien, face aux techniques modernes.

En tout état de cause, la profession s'attend à une forte croissance des ventes à l'occasion des fêtes de fin d'année.

Blick durch die Wirtschaft. 2 pages (en allemand).

NOUVELLE-ZÉLANDE
(N° 8267).

Développement rapide de l'industrie des matières plastiques.

La toute jeune industrie des matières plastiques a enregistré, au cours des dix dernières années, une très forte crois-sance. Cette branche comporte actuellement 250 entreprises employant 6 000 personnes et offrant des gammes de production de plus en plus diversifiées. La valeur de la production, qui était de 200 millions de dollars néo-zélandais en 1980, est passée à 580 millions en 1983.

Or, au cours des années à venir, les obstacles aux importations doivent être progressivement supprimés. En même temps, commencera à fonctionner la zone de libre-échange créée en commun avec l'Australie.

La profession cherche donc à créer des conditions nouvelles, en particulier en modernisant ses équipements et en développant des productions nouvelles.

Extrait du *MOCI*
(Moniteur du Commerce International), n° 631.

dialogues

A MONTRÉAL

Dans un bureau

H.D. — La Violette, chef de chantier canadien

HD : Mon cher La Violette. On peut dire que ton information m'a soulagé, je devais signer avant le 15 !

LA VIOLETTE : J'ai tout de suite compris que tu avais peu de temps pour trouver une solution et la main d'œuvre nécessaire.

HD : Ils voulaient que je fasse vite car cela faisait trois mois que nous n'avancions pas sur la négociation des personnels.

LA VIOLETTE : J'aurais dû vous dire il y a cinq mois que nous aurions terminé le chantier avant la date prévue.

HD : Alors, il était fort probable que nous tenions les délais pour « Belle Ville ». D'ailleurs les Ivoiriens auraient été étonnés du contraire, ils me connaissent. Si je dis que cela est possible, il faut que cela le soit : même si vos gars n'avaient pas été libres, il aurait fallu trouver une solution.

LA VIOLETTE : Bon, je t'emmène voir le responsable de chantier.

En voiture sur un chantier

La Violette — Martin Leclerc — H.D.

LA VIOLETTE : Martin Leclerc, je vous présente Devin. Vous connaissez son problème ?

MARTIN LECLERC : Oui, il vous faut une équipe pour un chantier en Afrique, des ouvriers de différents corps de métiers et des types qui soient efficaces, donc avec de l'expérience.

HD : Nous souhaitons avoir des conducteurs d'engins, des monteurs en électricité, des maçons, niveau chef de chantier, des ouvriers très qualifiés en montage de charpentes métalliques, des spécialistes en isolation... et des peintres.

LA VIOLETTE : Les meilleurs, bien sûr ! Si nos équipes font l'affaire nous aurons à réaliser l'ensemble du projet. Alors Martin Leclerc, les meilleurs, et avant une semaine.

MARTIN LECLERC : Nos hommes peuvent être libres rapidement — ici tout est achevé — et ils connaissent les grands travaux. Ils ont déjà réalisé les Jeux Olympiques de Montréal. Vous verrez, c'est la compétence même, l'assiduité même et ils n'ont pas leurs pareils pour diriger une équipe.

HD : Si tout est OK on discute les contrats de travail cet après-midi.

MARTIN LECLERC : D'accord, vous me trouverez à 15 heures dans la baraque de chantier, là-bas, derrière la grue.

Dans la baraque du chantier

HD : Je suis d'accord avec les contrats, mais j'ai aussi quelques précisions à donner et à demander.

MARTIN LECLERC : Oui. Je comprends. Pour aller plus vite, nous avons précisé dans le contrat les différents points importants.

LA VIOLETTE : Oui, Devin, on a fait comme toujours !
- statuts du salarié
- contrat de travail
- convention collective
- règlement du chantier
- durée du travail
- rémunérations
- congés payés
- licenciement et rupture de contrat.

HD : Très bien. Mais tu sais aussi qu'il y a des dossiers spéciaux pour la main-d'œuvre étrangère. Le Ministre m'a promis d'accélérer

197

la procédure mais il faut que l'on soit précis dans le texte du contrat.

LA VIOLETTE : Ne t'inquiète pas ! Tu as vu ! Tout est très bien décrit. Le travail à fournir, la rémunération ainsi que le lien entre travailleurs et employeurs.

HD : Les partenaires ivoiriens veulent que ce soient des contrats à durée déterminée. C'est de bonne guerre et cela nous forcera à reporter les délais.

MARTIN LECLERC : Avec mes gars il n'y a rien à craindre. Mais je vous conseille d'établir les contrats locaux sur notre base, sinon il y aura des tiraillements.

LA VIOLETTE :
- Les avantages en nature
- Les primes de déplacements
- Les gratifications

sont à prendre en compte très exactement.

HD : Pour les congés payés nous devons raisonner selon la loi belge. Ce sont les propres termes du contrat avec les autorités ivoiriennes.

MARTIN LECLERC : La gestion financière est assurée par quelle partie ?

HD : Nous vous la laissons. Notre compagnie répartira les fonds sur notre banque de crédit. Les relevés mensuels vous seront télexés le 20 de chaque mois.

LA VIOLETTE : Très bien. Mes amis, à force de parler travail, c'est nous qui faisons des heures supplémentaires. Les documents seront préparés pour demain et tu pourras reprendre ton avion tranquillement.

HD : Oui, je rentre à Bruxelles et quand je pense à tout ce qui s'est passé : Bruxelles, Strasbourg, Abidjan, Montréal, je pense que j'ai bien mérité quelque repos.

à vous d'agir

1 | *Entretien dans un bureau d'embauche entre*

— le responsable de l'agence
— l'ingénieur de la SOBATIN (Société des Bâtiments Industriels)
  chargé du recrutement de personnel pour les chantiers étrangers.
— des candidats pour les postes suivants
  - cariste
  - maçon
  - dessinateur industriel

Vous êtes l'un de ces personnages (recruteur ou candidat)

LE RECRUTEUR : Vous préparez l'entretien en notant :
— le profil des postes à pourvoir
— les différentes questions que vous voulez poser aux candidats
— les qualités requises pour chaque poste

LE CANDIDAT : Vous vous préparez à l'entretien :
— vous prévoyez toutes les questions qu'on va vous poser, sur votre formation, votre expérience, vos projets...
— vous préparez les questions que vous voulez poser sur le poste, les conditions de travail...

Vous rédigez le contrat des trois candidats choisis.

— Daniel Leblanc, menuisier et chef d'équipe,
— Madame Merle, intéressée par l'achat de la villa,
— Jean-Noël Doumergue, chef de chantier et entrepreneur.

L'installation des menuiseries s'achève. Daniel Leblanc a hâte de quitter ce chantier : il devrait travailler dans un autre lotissement depuis plusieurs jours. Son chef de chantier arrive accompagné d'une dame que Leblanc pense être la représentante de la SOCIMMO (Société Immobilière chargée de la vente de ces villas). Cette dame, propriétaire potentielle, questionne le menuisier sur l'absence de barrière de protection le long d'un court escalier reliant deux niveaux intermédiaires de la villa (elle a deux enfants encore petits et l'achat de la maison dépend de détails de ce genre). L'entrepreneur, quant à lui, ne voudrait pas voir la note du menuisier s'allonger, car le coût de la construction est calculé au plus juste.

Vous êtes l'un de ces personnages ; en préparation de cette discussion, définissez :

— votre rôle (statut, fonction, pouvoir, appuis extérieurs...)
— vos intentions (ce que vous voulez que les autres fassent)
— votre état d'esprit (vous serez conciliant, vindicatif, attentif...)

Vous rédigez une lettre

— le menuisier propose un devis à l'entrepreneur pour la fabrication et la pose d'une barrière de protection dans cette villa
— l'entrepreneur envoie une lettre à la future propriétaire lui indiquant le montant des frais pour la fabrication et la pose de cette barrière en lui précisant que les frais seront partagés.

3 *Entretien entre*

— Alain Duval, pilote automobile,
— Jean Thorin, délégué du personnel,
— Robert Martin, directeur du personnel.

Lors des essais sur le circuit de Chamalières, Alain Duval a volontairement retenu sa voiture en signe de protestation contre la décision de la direction de modifier le système des rémunérations :
— réduction du « fixe »
— augmentation de la « prime de classement » de 5 %
— maintenance de la « prime de risques » à sa valeur actuelle

201

Madame Duval est la fille du propriétaire de l'écurie. Monsieur Martin juge l'attitude de Duval inqualifiable et injustifiable :
— risque de rétrogradation dans le classement national et international
— perte financière entraînant le risque pour l'écurie de ne pas pouvoir participer à des courses prévues.

Vous êtes l'un de ces personnages.

L'objet de cet entretien est d'aboutir à un compromis ou à une séparation.
Vous préparez les différentes questions qui seront abordées au cours de l'entretien ; vous précisez l'attitude que vous prendrez et le but que vous recherchez.

Préparez une lettre de licenciement / ou un nouveau contrat d'engagement.

4 Un dialogue bien particulier...

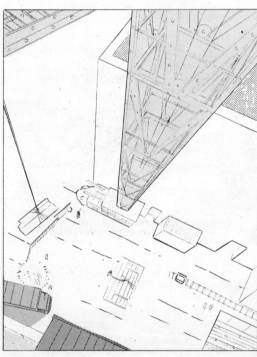 

Sur un chantier, un ouvrier au sol et un grutier communiquent par talkie-walkie pour exécuter certaines manœuvres.

Vous êtes l'un de ces deux personnages.

L'OUVRIER : sur le plan d'un chantier (que l'ensemble du groupe aura tracé), vous donnez au grutier (que vous ne voyez pas) les instructions pour le déplacement de plusieurs objets.
LE GRUTIER : vous suivez les instructions en indiquant les mouvements de la grue que vous dirigez sur le plan.

Vous rédigez une note de service précisant les mesures de sécurité à prendre sur un chantier.

202

Période d'essai : une jurisprudence nouvelle

La loi réglemente la période d'essai pour certaines catégories seulement salariés à contrat déterminé à temps partiel apprentis et mutilés Que faire dans les autres cas Se contenter de la convention collective Prévoir une clause particulière dans les contrats de travail Jusqu'à présent la Cour de cassation n'admettait la validité d'une période d'essai qu'en cas d'existence d'un support écrit convention ou contrat Cependant en juillet 1983 un arrêt infirme cette position La prudence s'impose néanmoins

Des arrêts trop contradictoires

Une société de surveillance engage un salarié Une semaine plus tard elle le licencie Motif invoqué essai non concluant

Surprise de l'intéressé son contrat de travail ne disant rien de la période d'essai Il s'estime alors victime d'un licenciement abusif et saisit les tribunaux Mais l'employeur démontre qu'il est d'usage dans la profession de soumettre les salariés à une période probatoire Il ajoute que même en l'absence d'écrit le salarié ne pouvait l'ignorer

La Cour lui donne raison

Tout serait simple si dix mois plus tard elle n'était revenue à une sévérité extrême Une entreprise avait licencié un salarié au milieu de la période d'essai d'un mois prévue par la convention collective La Cour de cassation avait alors jugé que en l'absence de clause spécifique du contrat de travail

le seul fait que la convention collective prévoie une période d'essai ne suffit pas à apporter la preuve qu'elle ait été convenue entre employeur et salarié

A l'employeur de faire la preuve

Les entreprises se trouvent donc en présence d'arrêts contradictoires Dans tous les cas cependant la Cour de cassation exige de l'employeur la preuve de l'existence d'un ac-

Conventions collectives et période d'essai

Si une convention collective fixe la durée d'une période d'essai, les parties qui en relèvent ne peuvent passer outre. Sauf pour la réduire. Elle doit, d'autre part, ne présenter aucun caractère anormal ou abusif. Enfin, si la convention collective impose un délai maximal à ne pas dépasser, ce délai est impératif.

De plus en plus de conventions collectives vont désormais dans ce sens. Exemple parmi d'autres : la convention collective de la métallurgie. Jusqu'en septembre 1983, elle laissait les employeurs seuls juges de la durée de la période d'essai pour les cadres. A cette date, une nouvelle clause a été négociée. Elle stipule que, « en tout état de cause, la période d'essai pour les ingénieurs et cadres ne saurait excéder six mois ».

Contrat à durée déterminée et temps partiel : ce que dit la loi

Tout contrat à durée déterminée peut prévoir une période d'essai. La durée maximale de cette dernière se calcule sur la base d'un jour par semaine. Deux limites toutefois :
— Deux semaines pour les contrats d'une durée initiale de six mois ou moins ;
— Un mois pour les contrats dont la durée initiale est de plus de six mois (Code du travail, art. L 122-3-3).
Le contrat à durée déterminée étant obligatoirement écrit, une éventuelle période d'essai devra faire l'objet d'une clause particulière.

Temps partiel

Un salarié embauché à temps partiel ne peut effectuer une période d'essai d'une durée calendaire supérieure à celle des salariés à temps plein. Aucune autre précision. (Code du travail, art. L 212-4-2.)

cord des deux parties en présence sur une période d'essai La preuve écrite étant la meilleure les entreprises ont donc tout intérêt à prévoir une clause explicite dans les contrats de travail qu'elles signent avec leurs salariés

Marie Defrenois

L'Usine Nouvelle, n° 43, 27 octobre 1983

à vous d'écrire

le 31 octobre

REMARQUES PERSONNELLES

J'ai rencontré ce jour La Violette et _____ ouvriers ; _____ soit leur spécialité, ils ont l'air compétents ; dans _____ métiers, tels que les monteurs en charpente métallique ou les techniciens en électronique, il y a _____ très bons éléments ; je crois que _____ soit la durée effective du contrat et _____ puissent être les conditions climatiques, il n'y aura pas de surprise : les délais seront tenus ; il faudra néanmoins mettre en place _____ systèmes de valorisation des tâches...

_____ le chantier de La Violette n'avait pas été terminé, je ne sais pas ce que j'aurais fait ! _____ les Ivoiriens nous fixent une échéance, La Violette peut _____ tenir ! Cela n'a pas été facile de décrocher ce contrat. Malheureusement, ces questions de mise en œuvre technique ne sont pas des aspects secondaires et _____ anodins pour l'acheteur. J'ai bien fait d'argumenter comme _____ la dimension « personnel » était un aspect important ; les Ivoiriens ne _____ sont pas trompés ; ils ont dû sentir de suite que la négociation s'engageait sur des bases solides et sérieuses et que _____ un problème se présentait pour nous, je ne manquerais pas de le relever.
Faire « comme _____ », c'est bien, mais être sûr, c'est mieux... !

La Violette,   Leclerc n'avaient pensé aux dossiers pour la main-d'œuvre étrangère ; je dois avouer que pendant la négociation je   ai pas pensé non plus ; dans une réunion comme celle-là,   les responsables du projet,   les financiers,   même les conseillers techniques n'envisagent tous les aspects ;   les uns,   les autres ne peuvent évaluer tous les facteurs entrant dans la réalisation d'un tel projet. Moi-même, je n'ai fait qu'en aborder quelques-uns, afin de montrer que ma proposition était bien argumentée. Mais, en ce qui concerne les aspects de détail, je   avais vraiment pas songé avant la réunion.

~~QUELQUES RÉFLEXIONS SUR LA JOURNÉE.~~

ACCORD DES ADJECTIFS

Il nous faut des ouvriers et plus d'ouvrières (spécialisé)   .
Il faudra mettre au point des procédures et des contrôles (rigoureux)   .
Je pense qu'on fera appel à de la main-d'œuvre et à des techniciens (étranger)   .
Il faudra tenir compte des habitudes et des règles (local) en matière d'embauche.
Pour les usines et les bâtiments (public)   les couleurs de revêtement sembleraient être le blanc et le gris (clair)   .
Je vais voir avec Bruxelles qui est responsable des aspects (technique et financier)   .
Dans les consignes de travail il faudra mentionner les contrôles (quotidien et hebdomadaire)   .
Cette équipe pourrait très bien être utilisée pour les chantiers (sud-africain et chilien)   .
Il faudra procéder à des études et des recherches (géologique) pour déterminer la nature des terrains.

205

exporter
en Extrême-Orient :
la filière chinoise

De Singapour à Hong Kong, les Chinois ont tissé la toile d'araignée et détiennent souvent les leviers de commande du secteur privé. Relais indispensables pour pénétrer sur ces marchés, ils sont encore trop ignorés des Français.

A l'heure où les experts mondiaux s'accordent à reconnaître que la zone Asie-Pacifique est le berceau de la puissance économique de demain, nos industriels s'aperçoivent qu'ils n'ont pas participé au baptême. Quinzième fournisseur de cette zone, la France est contrainte à prendre le train en marche.

Pour rattraper le temps perdu et assurer des flux réguliers d'exportation, il faut utiliser les relais commerciaux existants. Sans eux, beaucoup de PME ne pourront guère combler leurs handicaps naturels : l'insuffisance quantitative de moyens humains et des budgets promotionnels peu adaptés à des marchés aussi éloignés. Mais aujourd'hui les entreprises françaises n'ont plus le choix des armes commerciales.

Les sociétés anglo-saxonnes de commerce international, implantées depuis plus de cent ans dans cette zone géographique, sont devenues de véritables conglomérats. Elles ne cherchent plus de nouvelles cartes, sauf celles pouvant leur assurer un chiffre d'affaires substantiel ou un complément.

Les agents chinois ont l'avantage de bien connaître le terrain, d'être partout là où il faut.

« Pour développer notre présence, la condition sine qua non, c'est d'utiliser la filière chinoise », lance Roland Hecht, de l'Institut de Développement Industriel, qui a déjà joué cette carte pour son propre compte avant de la proposer à nos exportateurs. Associé à un groupe chinois de Hong Kong, Liand Fung, l'IDI a créé la Société commerciale pour l'Extrême-Orient afin d'aider les Français à pénétrer en Asie du Sud-Est. Souvent seuls relais possibles, les agents chinois ont l'avantage de bien connaître le terrain, d'être partout là où il faut. Mieux, la communauté chinoise détient les leviers de commande du commerce, de la banque et de l'industrie privée.

Une position centrale qui fait d'eux des hommes très sollicités et fort occupés avec nos concurrents...

Les Chinois n'ont que l'em-

La filière chinoise est surtout efficace pour le commerce courant :
les biens de consommation et les biens d'équipement à faible technicité.

barras du choix. Chaque jour, de multiples propositions tombent sur leurs télex. « Venez avec un solide dossier, sinon ils ne perdront pas de temps avec vous », met en garde Michel Gilmour, directeur de Promotion et Marketing Consultants, un cabinet de Singapour qui met ses connaissances des marchés asiatiques au service des entreprises françaises. Pour un Chinois, la technique importe peu. Ce qu'il veut voir, c'est un compte d'exploitation prévisionnel avec une étude de marché solide déterminant les perspectives du marché et les moyens commerciaux à mettre en œuvre.

La collaboration avec les agents commerciaux chinois s'apparente à la course d'obstacles. Beaucoup de PME ont connu des échecs cuisants pour avoir sous-estimé les difficultés de communication. La barrière linguistique est amplifiée par les différences de mentalité et de comportement. En Extrême-Orient, la bonne qualité d'un produit ne suffit pas. L'acheteur veut aussi lier des relations avec vous.

La filière chinoise est surtout efficace pour le commerce courant : les biens de consommation et les biens d'équipement à faible technicité. Dans cette zone, il est très difficile de vendre des produits de qualité, dès lors qu'il existe sur le marché des produits concurrents moins chers.

Face à la concurrence, pour convaincre leurs interlocuteurs, les exportateurs français doivent séduire. Mais la meilleure façon de les impressionner est de ne pas arriver les mains vides. Des contrats en cours de négociation constituent une carte maîtresse.

L'Usine Nouvelle, n° 12, mars 1982.

à vous de parler

1 **Vous avez compris ce reportage, vous répondez aux questions suivantes :**

— Quelle est la zone de la puissance économique de demain, _____

— La France est le

13ᵉ ☐   10ᵉ ☐   15ᵉ ☐   fournisseur de cette zone;

— Afin d'exporter avec un flux régulier il faut

☐ installer des points de vente locaux

☐ utiliser les relais commerciaux existants

☐ constituer des filières particulières

— Quels sont les deux handicaps naturels des PME françaises ? _____

_____

_____

_____

— Quels sont leurs principaux concurrents ? _____

Pourquoi ? _____

— Qu'est-ce que l'IDI ? _____

— Qu'est-ce que l'IDI a créé ? _____

— A quoi sert cette société ? _____

— En Asie du Sud-Est, quelle est la communauté relais pour les Français ? _____

— Quelles sont les caractéristiques de cette communauté ? _____

— Qu'est-ce que les Chinois exigent avant de devenir le relais d'une entreprise française ?

_____

_____

_____

— Beaucoup d'échecs, en matière de collaboration franco-chinoise sont dus, à des difficultés

☐ culturelles

☐ de communication

☐ techniques

☐ financières

208

— Cette filière chinoise est surtout efficace pour le commerce
- ☐ des biens de consommation courante
- ☐ des biens d'équipement à haute technicité
- ☐ des biens d'équipement à faible technicité
- ☐ des produits de luxe

— Pour convaincre leurs interlocuteurs, les Français doivent...

Expliquez

Le sens du mot « carte » dans les expressions suivantes :

— « Les sociétés anglo-saxonnes ne cherchent plus de nouvelles *cartes* »

— « Roland Hecht a déjà joué cette *carte* pour son propre compte... »

— « Les contrats en cours de négociation constituent une *carte* maîtresse »

Le sens des expressions suivantes :

— « les agents chinois ont l'avantage de bien connaître le terrain »

— « la communauté chinoise détient les leviers de commande du commerce »

— « des échecs cuisants »

— « la collaboration avec les agents commerciaux chinois s'apparente à la course d'obstacles »

Trouvez des mots de la même famille :

- expert _____
- exportation _____
- commercial _____

- concurrent _____
- communication _____
- technique _____

A l'occasion de la prochaine réunion du service EXPORT, vous présenterez une synthèse de l'article et vous apporterez vos commentaires.

2 H.D. entend ces informations sur les techniques d'exportation ; il en retire l'essentiel.

Le texte correspondant à cet enregistrement figure en page 220.

Une P.M.I. en Algérie.

Concernant la Société :

— Nom de la Société : _____

— Branche industrielle : _____

— Lieu de son implantation : _____

— Fonction de Guy Chery : _____

Concernant ses contacts avec les marchés étrangers :

— Quelle a été la première « zone-cible » de la société ? _____

— Quels résultats la société a-t-elle obtenus ? _____

● en Tunisie : _____

● au Maroc : _____

● en Algérie : _____

— Avec quel pays la Société a-t-elle passé son premier contrat ? _____

Concernant le premier contact avec l'Algérie :

— Temps de gestation de l'affaire : _____
_____

— Frais de prospection : _____

— Fréquence des déplacements en Algérie : _____
_____

— Montant du contrat obtenu : _____

— Chiffre d'affaires de la Société : _____

210

Concernant les difficultés au cours des négociations :

— Quelles sont les difficultés qui ont porté

● sur le prix : _____

● sur le mode de paiement : _____

— Quel est le partenaire financier de la Société ?

_____

— Quel mode de paiement sûr a été conseillé par la banque ? _____

— Quelles difficultés sont apparues lors de la mise en place du pré-financement avec la

Banque de France : _____

— Résultats : _____

● concernant la première échéance de 300 000 F. : _____

_____

● concernant la deuxième échéance de 1,8 million de F. : _____

_____

● actuels : _____

Concernant les contrats suivants avec l'Algérie :

— Quelle est la fréquence de ces contrats ? _____

— Quel est le mode de paiement :

● pour les commandes supérieures à 700 000 F. _____

_____

● pour les commandes inférieures à 700 000 F. _____

_____

Concernant l'état actuel de la Société :

— Quel est le chiffre d'affaires actuel ? : _____

_____

— Dans quelle mesure est-il réalisé avec les contrats algériens ? _____

_____

informez-vous

Bilan social : au tour des PME

Fin avril au plus tard, les entreprises de plus de 300 salariés devront soumettre leur bilan social à l'examen de leur CE.

Déception pour les entreprises, plus nombreuses qu'on ne le pense, qui espéraient du nouveau gouvernement qu'il range le bilan social au rayon des gadgets périmés. Les dispensant du même coup de ce qu'elles considèrent souvent comme un pensum. « Ce n'est tout de même pas au moment où l'on renforce le droit du comité d'entreprise à l'information qu'on va lui retirer ce moyen d'information-là », dit-on dans l'entourage du ministre du Travail. Conclusion : les entreprises de plus de 300 salariés « plancheront » comme prévu cette année.

Fin avril donc, au plus tard, les entreprises devront soumettre leur bilan social à l'examen de leur CE. Une échéance bien proche pour bon nombre d'entre elles qui, souvent, n'y sont pas préparées.

Mais au prix de certaines modifications des programmes informatiques et de l'affectation d'une personne au bilan social, à plein temps, jusqu'à fin avril. Le cas n'est pas si rare. Si l'on en croit les entreprises, le bilan social mobilise l'équivalent d'une personne à temps plein pendant une période qui peut aller de un à quatre mois. Car le bilan social représente un surcroît de travail non négligeable. Même quand elles ont pris comme Pec-Rhin (filiale de BASF, 520 salariés, spécialisée

dans la fabrication d'engrais) la sage précaution de s'y préparer un an à l'avance.

D'autant que la définition de certains indicateurs eux-mêmes continue de prêter à confusion.

Contraintes objectives qui nourrissent, à juste titre, les griefs des entreprises.

Une occasion de parfaire les outils existants

Un scepticisme de principe auquel s'ajoute la certitude qu'ont pas mal d'entreprises de faire déjà en matière d'information autant sinon plus que ce qu'exige le bilan social. « Nos réunions trimestrielles d'information apportent au personnel tout ce qu'il a besoin de savoir sur l'emploi, l'évolution des rémunérations, l'hygiène et la sécurité, etc., affirme Jean Zeng, attaché au président du directoire de Pec-Rhin. Le bilan social ne leur apprendra rien de plus. »

Beaucoup d'entreprises, enfin, redoutent que les syndicats se saisissent de cet instrument comme d'un levier pour d'interminables contestations. « C'est inévitable, compte tenu de leur propension à mettre en avant ce qui est négatif, pour-

suit Jean Zeng. Mais nous nous serions passés volontiers des querelles, qui ne manqueront pas de rebondir à cette occasion, sur les licenciements que la situation de l'entreprise nous a contraints d'opérer ces derniers mois. »

Quel que soit leur bien-fondé, la plupart de ces critiques ressemblent à celles formulées il y a trois à quatre ans par les entreprises de plus de 750 salariés. Or, depuis elles se sont tues.

Et le bilan social a donné à pas mal de firmes l'occasion de se doter d'instruments d'analyse et de gestion sociale ou de parfaire les outils existants. « Dans certains cas, il a aussi permis de créer dans l'entreprise un langage commun. Et c'est une bonne chose », souligne la responsable du bilan social d'une importante société pétrolière.

La plupart des entreprises confrontées pour la première fois à cette contrainte restent imperméables à de tels arguments. Leur première version du bilan social risque fort, comme il y a trois ans, de souffrir d'autant d'appréhension et d'hostilité. La pratique aidant, elles finiront sans doute par dédramatiser les choses.

PIERRE GIORGI

L'Usine Nouvelle n° 12, 18 mars 1982.

---

1   *Bilan social : au tour des PME.*

Après avoir lu cet article, vous commentez cette phrase :

« Un scepticisme de principe auquel s'ajoute la certitude qu'ont pas mal d'entreprises de faire déjà en matière d'information autant sinon plus que ce qu'exige le bilan social. »

UN BILAN SOCIAL TYPE POU

CHAPITRES	RUBRIQUES	INDICATEURS INTITULÉS
EMPLOI		Effectif total au 31 décembre
		Effectif permanent
		Nombre de salariés titulaires d'un contrat de travail à durée déterminée au 31 décembre
		Effectif mensuel moyen de l'année considérée
		Répartition par sexe de l'effectif total au 31 décembre
	Effectifs	Répartition par âge de l'effectif total au 31 décembre
		Répartition de l'effectif total au 31 décembre selon l'ancienneté
		Répartition de l'effectif total au 31 décembre selon la nationalité : Français Étrangers
		Répartition de l'effectif total au 31 décembre selon une structure de qualification détaillée
	Travailleurs extérieurs	Nombre moyen mensuel de travailleurs temporaires
		Durée moyenne des contrats de travail temporaire
	Embauches au cours de l'année considérée	Nombre d'embauches : par contrats à durée indéterminée par contrats à durée déterminée
		Nombre d'embauches de salariés de moins de 25 ans

CHAPITRES	RUBRIQUES	INDICATEURS INTITULÉS
EMPLOI		Total des départs
	Départs	Nombre de démissions
		Nombre de licenciements dont licenciements pour cause économique
	Chômage	Nombre de salariés mis en chômage partiel pendant l'année considérée
		Nombre total d'heures de chômage partiel pendant l'année considérée indemnisées non indemnisées
	Absentéisme	Nombre de journées d'absence
RÉMUNÉRATIONS ET CHARGES ACCESSOIRES	Montant des rémunérations	Masse salariale annuelle totale
		Rémunération mensuelle moyenne
	Hiérarchie des rémunérations	Montant global des dix rémunérations les plus élevées
		Rapport entre la moyenne des rémunérations des ingénieurs et cadres, y compris cadres supérieurs et dirigeants (ou équivalents) et la moyenne des rémunérations des ouvriers (ou équivalents)
	Charges accessoires	Montant des versements effectués à des entreprises extérieures pour la mise à disposition de personnel entreprises de travail temporaire autres entreprises
	Charge salariale globale	Frais de personnel
		Valeur ajoutée au chiffre d'affaires
		Montant global de la réserve de participation

214

CHAPITRES	RUBRIQUES	INDICATEURS INTITULÉS
	Participation financière	Montant moyen de la participation par salarié bénéficiaire
		Part du capital détenu par les salariés grâce à un système de participation (participation aux résultats, intéressement, actionnariat...)
CONDITIONS D'HYGIÈNE ET DE SÉCURITÉ	Accidents de travail et de trajet	Nombre d'accidents de travail avec arrêt
		Nombre de journées perdues pour accidents de travail
		Nombre d'accidents de trajet ayant entraîné un arrêt de travail
		Nombre d'accidents mortels de travail de trajet
	Maladies professionnelles	Nombre et dénomination des maladies professionnelles déclarées à la Sécurité sociale au cours de l'année considérée
	Dépenses en matière de sécurité	Sommes des dépenses de sécurité effectuées dans l'entreprise, au sens de l'article R 231-8 du Code du travail
AUTRES CONDITIONS DE TRAVAIL	Durée et aménagement du temps de travail	Horaire hebdomadaire moyen affiché
		Nombre de salariés occupés à temps partiel : entre 20 et 30 heures autres formes de temps partiel
	Organisation et contenu du travail	Effectif travaillant en équipes : équipes fixes équipes alternantes
		Personnel utilisé à des tâches répétitives au sens de la définition du travail à la chaîne contenue dans le décret du 10 mai 1976

CHAPITRES	RUBRIQUES	INDICATEURS INTITULÉS
	Dépenses d'amélioration des conditions de travail	Sommes des dépenses consacrées à l'amélioration des conditions de travail dans l'entreprise, au sens de l'article L 437-2 du Code du travail
FORMATION		Pourcentage de la masse salariale consacré à la formation continue
	Formation professionnelle continue	Nombre de stagiaires : hommes femmes
		Nombre d'heures de stage : rémunérées non rémunérées
	Congés formation	Nombre de salariés ayant bénéficié d'un congé formation rémunéré
RELATIONS PROFESSION-NELLES		Composition du comité central d'entreprise
	Représentants du personnel	Nombre de réunions du CCE et de ses commissions
		Dates de signatures et objets des accords signés pendant l'année considérée, au niveau professionnel et dans l'entreprise
	Information et communication	Y a-t-il des structures de concertations ? Lesquelles ?
AUTRES CONDITIONS DE VIE RELEVANT DE L'ENTREPRISE	Œuvres sociales	Répartition des dépenses de l'entreprise
		Budget consolidé des comités d'établissement et du comité central d'entreprise dont le cas échéant, budget du comité central d'entreprise
	Autres charges sociales	Coût pour l'entreprise des prestations complémentaires (maladie, décès)
		Coût pour l'entreprise des prestations complémentaires (vieillesse)

LE CONTRAT DE TRAVAIL A DURÉE DÉTERMINÉE

SIGNER UN CONTRAT A DURÉE DÉTERMINÉE, EST-CE UN PIS-ALLER ?

L'ordonnance du 5 février 1982, en voulant lutter contre la précarisation de l'emploi, encadre d'une façon très précise le recours à ce type de contrats. Leur succession dans le temps et pour un même emploi est limitée et pour les rendre moins attractifs pour les employeurs, le législateur en a augmenté le coût. Cet aspect financier des choses n'est pas pour déplaire à certains salariés. En effet, une indemnité obligatoire de fin de contrat, égale à 5 % de la rémunération brute totale, n'est pas négligeable.

DANS QUELLES CONDITIONS POUVEZ-VOUS SIGNER UN CDD ?

Le recours au CDD est désormais strictement limité, lorsqu'il s'agit de l'absence temporaire d'un salarié ou d'une suspension de contrat de travail (sauf en cas de grève), à sept cas ; le service national ; les congés payés ; les congés-maladie ; les congés de maternité ; le congé parental ; le remplacement d'un salarié entre la date de son départ définitif et la date effective d'entrée en fonction d'un nouveau salarié déjà embauché ; le remplacement d'un salarié dont le contrat à temps complet devient provisoirement à temps partiel (dans ce cas le contrat conclu sera à la fois à durée déterminée et à temps partiel).

Le CDD peut être conclu également lors de la survenance d'un « surcroît exceptionnel et temporaire d'activité ». Dans ce cas, le contrat ne peut excéder six mois.

On peut encore vous proposer un contrat à durée déterminée pour l'exécution d'une tâche occasionnelle. La création d'une activité nouvelle peut autoriser la passation d'un CDD pendant la période de lancement s'il n'est pas certain que cette activité deviendra permanente. Ce type de contrat ne peut excéder un an. On peut également vous proposer un contrat à durée déterminée lorsque celui-ci comporte une clause vous ouvrant des droits à la formation : ce sont les contrats élaborés dans le cadre de la politique de l'emploi. Ainsi ont été créés des contrats emploi-formation, emploi-adaptation ou encore emploi-orientation. Et puis il existe des secteurs professionnels ou des métiers qui par essence ne peuvent fonctionner que par la répétition de contrats à durée déterminée : ce sont les emplois saisonniers, les emplois périodiques.

LE CONTRAT DOIT-IL ÊTRE ÉCRIT ET QUELLES MENTIONS COMPORTE-T-IL ?

Le CDD doit être obligatoirement écrit. A défaut, le contrat est présumé à durée indéterminée et il reviendrait alors à votre employeur d'en apporter la preuve contraire. Il doit contenir des mentions obligatoires :
— l'objet de la conclusion du contrat. Pour le remplacement d'un salarié, le nom de celui-ci doit être indiqué ainsi que sa fonction. S'il s'agit d'un contrat pour surcroît de travail ou d'une tâche occasionnelle, les travaux que vous aurez à effectuer devront être clairement définis ;
— la durée totale ou minimale du contrat et son terme, s'il s'agit d'un contrat de date à date. Si le terme en est fixé, votre contrat doit indiquer en outre, une date à partir de laquelle votre employeur devra vous aviser d'un report éventuel du contrat ou d'une requalification ;
— les mentions habituelles (salaires, avantages sociaux, identiques à ceux dont bénéficient les autres salariés de l'entreprise).

EXISTE-T-IL UNE PÉRIODE D'ESSAI OBLIGATOIRE ?

Non, la période d'essai n'est pas obligatoire. Mais si l'on vous demande d'exécuter une période d'essai, celle-ci devra être obligatoirement indiquée car elle est strictement limitée dans le temps. Elle est au plus égale à un jour par semaine, sa durée maximale ne peut excéder deux semaines lorsque la durée prévue ou minimale du contrat est inférieure ou égale à six mois, elle ne peut dépasser un mois lorsque le contrat a une durée supérieure à six mois.

QUE SE PASSE-T-IL EN CAS DE RUPTURE ANTICIPÉE D'UN CDD ?

Votre employeur et vous-même êtes tenus de respecter un délai de prévenance réglementé de manière très formaliste et impérative. Trois cas de rupture anticipée sont prévus par la loi (art. L 123.3.9) : — l'accord des parties ; la faute grave ; la force majeure.
L'article innove en différenciant l'indemnisation du préjudice selon que l'auteur de la rupture est le salarié ou l'employeur. Ainsi en cas de rupture anticipée, non justifiée, imputable à l'employeur, le salarié se voit allouer par le juge, en plus de son indemnité de fin de contrat, des dommages-intérêts au moins égaux à la rémunération qu'il aurait perçue jusqu'au terme de son contrat. Par contre, l'indemnité de fin de contrat n'est pas due en cas de démission du salarié.

BIBA, octobre 1983.

MODÈLE DE CONTRAT DE VRP A CARTE UNIQUE

Source : *Le Code du Travail.*

Ce modèle est à adapter en fonction du cas d'espèce et en particulier, s'il y a lieu, des dispositions de la convention collective du travail en vigueur dans l'entreprise qui pourraient concerner l'activité professionnelle du VRP (notamment de la « convention collective nationale interprofessionnelle du 3 octobre 1975 » applicable aux représentants — § 2750).

Entre les soussignés :

La Société _____ [1]
(en préciser la forme, le capital, le siège social, l'immatriculation au registre du commerce) représentée par M. _____
agissant en qualité de _____ de ladite société dénommée ci-après « La Société ».

D'une part,

et M. _____
né le _____ à _____
de nationalité _____
demeurant à _____

D'autre part,

Il a été convenu ce qui suit :

Article 1er – Engagement – La Société engage à son service à partir du _____ M. _____ qui y exercera les fonctions de représentant dans les conditions fixées par les articles L 751-1 et suivants du Code de travail.

Article 2 – Objet de la représentation – Secteur d'activité – Clientèle à prospecter
— M. _____ est chargé de vendre, au nom et pour le compte de la Société, les articles suivants _____
— auprès des _____ (détaillants, grossistes, etc. — **à préciser**) ;
— dans la région de _____ [2].
M. _____ bénéficiera (**ou bien** : ne bénéficiera pas) de l'exclusivité de représentation de la Société.

Article 3 – Obligations en cours de contrat –
Pendant le présent contrat, M. _____ qui s'interdit d'exercer une autre activité professionnelle, doit :
— exercer son activité professionnelle _____ jours ouvrables par semaine, soit du _____ au _____ inclus ;
— visiter très régulièrement, soit au moins une fois _____, la clientèle ;
— se conformer aux conditions de vente, notamment de prix, fixées par la Société ;
— adresser à la Société des rapports périodiques d'activité, (conditions d'envoi, périodicité à préciser) et tenir à jour le fichier des clients ;
— effectuer, en cas de difficultés avec la clientèle, toutes démarches appropriées pour leur règlement ;
— adresser à la Société un certificat médical dans les _____ jours suivants le début ou la prolongation de tout arrêt de travail pour cause de maladie ou d'accident.

Article 4 – Rémunération – La Société versera à M. _____ en rémunération de ses services :
— (**s'il y a lieu**) un salaire mensuel forfaitaire brut fixe de _____ F ;
— (**s'il y a lieu**) une commission sur toutes les affaires directes [3] — c'est-à-dire sur celles qu'il aura personnellement traitées — [**éventuellement** [4]] et, ce, dans la mesure où :

— lesdites affaires auront été acceptées par la Société ;
— les clients auront intégralement réglé le montant des factures correspondant auxdites affaires.
La commission est égale à _____ % [5] du montant net de la facture, après déduction des ristournes éventuelles, des frais de transport et d'emballage, de tous impôts présents ou à venir (**ou bien** : du montant total de la facture).
Les commissions revenant à M. _____ et dont le décompte est arrêté au dernier jour de chaque trimestre civil lui seront versées dans les _____ de la fin dudit trimestre.

Article 5 – Frais professionnels – Tous les frais et débours, que M. _____ engagera pour l'accomplissement de ses fonctions, demeureront à sa charge exclusive (**ou bien** : seront pris en charge par la Société _____ [**conditions à préciser**]).

Article 6 – Avantages sociaux et congés payés –
M. _____ bénéficiera :
— des avantages sociaux _____ (préciser, en particulier, le régime de retraites complémentaires et de prévoyance auquel il sera affilié) ;
— des congés payés légaux annuels dont l'époque sera fixée par la Société.

Article 7 – Voiture – M. _____ devra, dans les conditions en vigueur au sein de la Société, utiliser professionnellement le véhicule dont il est propriétaire (**ou bien** : un véhicule de service).

Article 8 – Le présent contrat est conclu pour une durée indéterminée ; il pourra être rompu selon les dispositions légales, réglementaires voire conventionnelles en vigueur, chaque partie devant, après expiration d'une période d'essai de trois mois — décomptée à partir du _____ et pendant laquelle M. _____ passera la visite médicale d'embauche —, respecter en tout état de cause, sauf cas de faute grave ou lourde ou de force majeure, un préavis déterminé selon les dispositions de l'article L 751-5 du Code du Travail.

Article 9 – Non-concurrence (éventuellement) –
M. _____ s'interdit expressément — pendant une durée de _____ ans à partir de la date de rupture du présent contrat et dans le secteur suivant _____ — de s'intéresser directement ou indirectement, à quelque titre et à quelque manière que ce soit, à toute affaire créée ou en voie de création susceptible de concurrencer la Société.
En cas de manquement à l'interdiction susvisée, M. _____ devra verser à la Société une somme égale à la rémunération totale brute dont il aura bénéficié pendant ses _____ derniers mois de travail sans pouvoir être inférieure à _____ F.

Fait en double exemplaire
à _____ le _____

1. S'il s'agit d'une société. Dans les autres hypothèses, l'ensemble du projet est à adapter en conséquence.
2. A défaut de région, il peut être prévu une ou des catégories de clients à prospecter.
3. Des commissions sur « l'indirect » peuvent être prévues.
4. A défaut, le droit à commissions est ouvert dès la prise de l'ordre.
5. Les taux des commissions peuvent être également progressifs, dégressifs ou variés en considération du chiffre d'affaires. En outre, les employeurs peuvent prévoir, en particulier, des primes sur objectifs ou de résultats.

1 ● Toi, tu penses que les ouvriers ont mérité la prime. Et le patron, qu'est-ce qu'il a dit hier ?

- Lui, il ne pensait pas que les ouvriers avaient mérité la prime.

- Toi, tu penses que le chantier est terminé. Et Jean, qu'est-ce qu'il a dit hier ?
- Toi, tu sais que les experts ont eu une grosse prime. Et le Ministre, qu'est-ce qu'il a dit hier ?
- Toi, tu penses que les chefs d'équipe ont appris cette nouvelle technique. Et les chefs de chantier, qu'est-ce qu'ils ont dit hier ?
- Toi, tu penses que nos correspondants ont respecté le contrat. Et le directeur des travaux, qu'est-ce qu'il a dit hier ?
- Toi, tu sais que les compétences ont pesé lourd dans la négociation. Et l'acheteur, qu'est-ce qu'il a dit hier ?
- Toi, tu sais que les ouvriers ont demandé une prime de sécurité. Et les autres, qu'est-ce qu'ils ont dit hier ?

2 ● Vous nous dites seulement maintenant que les conditions ont changé ?

- Nous aurions dû vous dire plus tôt que les conditions avaient changé, mais ce n'était pas possible.

- Tu les informes seulement maintenant que les heures exceptionnelles n'ont pas été payées ?
- Elle nous précise seulement maintenant que les délais de livraison ont augmenté.
- Vous leur expliquez seulement maintenant qu'ils ont construit ces maisons sur un sol instable.
- Tu nous indiques seulement maintenant que la gamme de coloris a été changée ?
- Elle lui fait remarquer seulement maintenant qu'il a fallu modifier toutes les références ?

- Vous lui précisez seulement maintenant que les conventions ont été envoyées à tous les organismes.

3 ● Quand tu l'as rencontré, il travaillait à ce projet depuis trois mois ?

- Oui, cela faisait trois mois qu'il travaillait à ce projet quand je l'ai rencontré.

- Lorsque tu as signé ce contrat, tu faisais tes démarches depuis plusieurs jours ?
- Quand vous avez convoqué le peintre, il était au chômage depuis trois mois ?
- Quand elle a sélectionné les candidats, le poste était vacant depuis 10 jours ?
- Lorsque le directeur a licencié un collaborateur, il connaissait la situation depuis quelques semaines ?
- Quand vous êtes parti au Canada, vous attendiez la confirmation depuis quelques jours ?
- Quand vous avez contacté vos correspondants, ils envisageaient de donner leur accord de principe depuis quelques heures ?

4 ● Nous devrons établir un contrat particulier pour la nouvelle secrétaire ; n'est-ce pas ?

- Oui, vous aurez à établir un contrat particulier pour elle.

- Je devrai contacter les succursales européennes, n'est-ce pas ?
- Les Suisses devront accepter nos conditions dans cette affaire, n'est-ce pas ?
- Tu as dû réduire les cadences, n'est-ce pas ?
- Pour la réunion vous devez préparer le projet définitif, n'est-ce pas ?
- Nous devrons négocier les conditions de traitement des stocks, n'est-ce pas ?
- Vos partenaires autrichiens ont dû revoir la qualité de leur S.A.V. n'est-ce pas ?

5 ● *A votre avis, quand est-ce que nous changerons de locaux : bientôt ou dans un an ou deux ?*

- Je crois que vous <u>en</u> changerez <u>bientôt</u> .

- A votre avis, quand est-ce que le PDG visitera nos bureaux : aujourd'hui ou demain ?
- A votre avis, comment est-ce que le secteur électroménager se développera : un peu ou énormément ?
- A votre avis, à quel rythme les pouvoirs publics contrôleront-ils nos activités : très souvent ou de temps en temps ?
- A votre avis, comment la société TIMA va-t-elle modifier sa production : petit à petit ou brusquement ?
- A votre avis, quand les établissements LOU licencieront-ils leur personnel : tout de suite ou plus tard ?
- A votre avis, comment la direction régionale analysera-t-elle nos propositions : avec attention ou superficiellement ?

6 ● *Vous allez partir ? Pour raccompagner Monsieur Klaus ?*

- Oui, je vais partir <u>le</u> raccompagner.

- Madame Canvin est montée ? Pour appeler les techniciens ?
- Ils sortiront tout à l'heure ? Pour accueillir la délégation coréenne ?
- Vous descendez ? Pour prendre le courrier ?
- Madame Claude est passée à la poste ? Pour déposer les mandats ?
- La secrétaire est partie ? Pour retirer les devises à la banque ?
- Vous irez à la gare tout à l'heure ? Pour prendre les billets ?

7 ● *Vous emmenez le chef de chantier pour qu'il visite nos nouvelles installations.*

- Oui, je <u>l</u>'emmène <u>les</u> visiter.

- Elle emmène le comptable pour qu'il vérifie nos comptes ?
- Ils enverront les délégués du personnel au siège pour qu'ils participent à la réunion.
- Vous emmenez ce client au bureau pour qu'il téléphone à son service.
- Ils ont emmené La Violette pour qu'il signe les contrats d'embauche ?
- Le technicien emmènera les visiteurs dans l'atelier 3 pour qu'ils voient la chaîne de production.
- Vous avez envoyé le commis pour qu'il dépose ce colis au service central ?

8 ● *Devin, vous n'avez pas eu le contrat ? C'est parce que vous n'avez pas trouvé de personnel ?*

- Non ! <u>même si j'avais trouvé du personnel, je n'aurais pas eu le contrat.</u>

- Il n'a pas résolu le cas des travailleurs étrangers ? C'est parce qu'il n'a pas trouvé les informations ?
- Vous n'avez pas répondu à cette note de service ? C'est parce que vous n'avez pas eu le temps ?
- Ils n'ont pas chiffré leur déficit ? C'est parce qu'ils n'ont pas reçu les formulaires appropriés ?
- Elle ne s'est pas aperçue que les contrats étaient incomplets ? C'est parce qu'elle n'a pas lu les consignes ?
- Vous ne vous êtes pas rendu compte du changement, Jean ? C'est parce que vous n'avez pas bien écouté ?
- Les chefs de chantier n'ont pas suivi la grève des ouvriers ? C'est parce qu'ils n'ont pas cautionné les revendications ?

⊙⊙ Ce texte correspond aux questions pages 210-211.

FINANCEMENT A L'EXPORT UNE PMI EN ALGERIE

Prospection, négociation du prix, établissement et respect du plan de financement de ses premiers contrats en Algérie : Valmeca explique comment ont été franchis tous les obstacles.

En 1980, la sidérurgie française est en crise. Pour survivre, Guy Chery, administrateur de Valmeca, PMI lorraine, spécialisée dans la création et le développement d'outillage pour laminoirs, se lance dans l'export. Première cible, les pays du Maghreb... Déception en Tunisie : le marché potentiel est nul. Le Maroc s'avère beaucoup plus attiré par les produits anglais que par les français. Reste l'Algérie, où se fait sentir un besoin énorme en pièces de rechange, en même temps qu'un mouvement très net en faveur de la reprise des affaires avec la France. C'est là qu'il décroche son premier contrat, au bout d'une année de prospection.

« La gestation des dossiers avec ces pays est très longue », explique-t-il. Il faut au minimum huit mois pour développer une affaire. Avec les premières difficultés financières, l'entreprise autofinancera cette période de prospection. Pour une efficacité moyenne, un voyage par mois est nécessaire, chaque déplacement revenant au minimum à 10 000 francs. » Pour s'implanter en Algérie, Guy Chery a dépensé près de 500 000 francs en frais de prospection. Le jeu en valait la chandelle puisque le contrat obtenu représente 12 millions de francs, alors qu'à l'époque le chiffre d'affaires de l'entreprise n'était que de 4,5 millions...

Seconde difficulté, mener les négociations. Sur le prix d'abord, qui doit prendre en compte les dépenses ainsi engagées, mais aussi le temps écoulé entre l'offre et la signature. Au bout d'un an, l'exportateur français évoque la réactualisation due à l'inflation... L'interlocuteur algérien emploie un autre langage réclamant une remise... Des discussions longues sont encore nécessaires pour aboutir à un compromis.

Des contrats réguliers mais d'importance inégale

Négociations ensuite sur le mode de paiement. « Toutes les précautions doivent être prises », explique Louis Prioré, de la Banque populaire de Lorraine, le partenaire financier qui a conseillé Guy Chery dans l'élaboration des conditions du contrat. Seule possibilité pour un paiement sûr, le crédit documentaire irrévocable et confirmé. L'administrateur de Valmeca refuse d'abord d'inclure cette clause. « C'est un handicap dans les négociations », explique-t-il. Au bout d'une réunion de travail très animée avec le banquier, il finit par donner son accord. Le partenaire algérien acceptera sans difficulté ce mode de paiement.

Il faut alors mettre en place un plan de préfinancement. Deux banques régionales, le chef de file étant la Banque populaire de Lorraine, acceptent de financer et présentent les dossiers à la Banque de France. L'entreprise est peu connue de cet organisme qui, prétextant le montant du contrat par rapport au chiffre d'affaires de la PMI, fait traîner les choses. Résultat : la première échéance de 300 000 francs n'est pas respectée par les banques. Valmeca l'assure sur ses propres fonds.

Arrive la deuxième échéance, d'un montant de 1,8 million de francs. « Je ne pouvais pas passer », explique Guy Chery, qui met tout en œuvre pour obtenir le respect du plan de financement, arguant de sa solvabilité et de ses capacités à respecter le contrat. Après diverses démarches, la Banque de France finit par reconnaître le bien-fondé de la demande. Tout se débloque. Aujourd'hui, Valmeca n'a plus aucun problème pour obtenir les financements nécessaires.

Le second contrat obtenu, de 4,5 millions de francs, se déroulera sans aucune difficulté. De même que les suivants. Ils tombent régulièrement pour des montants d'importance inégale. L'entreprise s'organise pour mieux répondre aux besoins. Le crédit documentaire irrévocable et confirmé, d'abord exigé pour les commandes supérieures à 300 000 francs, ne l'est plus que pour celles qui dépassent 700 000 francs. Au-dessous, c'est la remise documentaire qui est demandée.

Un employé est chargé à plein temps de traiter les problèmes administratifs liés à l'exportation, notamment l'examen de documents liés au crédit documentaire. Un contrat d'assurance-crédit Coface a été signé. Valmeca réalise 14 millions de chiffre d'affaires, essentiellement grâce aux contrats algériens.

SYLVIE BELUJON

L'Usine Nouvelle n° 9,
1er mars 1984

Table des illustrations

Rendez-Vous Champs Elysées

by Janine Courtillon

carefully structured progression
emphasis on speaking and listening
authentically French, fully up-to-date
adult interest level
maximum flexibility of use.

**book - 288 pages -
x 60 min. cassettes.**

Aubin Imprimeur
LIGUGÉ, POITIERS

Achevé d'imprimer en février 1987
N° d'édition 7854 / N° d'impression L 22730
Dépôt légal, février 1987
Imprimé en France